中铁设计集团隧道及地下工程技术丛书

隧道喷涂防水技术及工程实践

吕　刚　岳　岭　刘建友
刘　方　蒋雅君　赵菊梅　著

中国建筑工业出版社

图书在版编目（CIP）数据

隧道喷涂防水技术及工程实践/吕刚等著. —北京：中国建筑工业出版社，2022.1
（中铁设计集团隧道及地下工程技术丛书）
ISBN 978-7-112-27442-0

Ⅰ. ①隧… Ⅱ. ①吕… Ⅲ. ①隧道-防水 Ⅳ.
①U453.6

中国版本图书馆 CIP 数据核字（2022）第 094856 号

　　本书以京张高铁东花园隧道等工程为项目依托，对隧道工程喷涂防水技术的要点进行了系统性的介绍，包括喷涂防水材料技术原理及性能、隧道工程喷涂防水设计、隧道工程喷涂防水施工技术、隧道工程喷涂防水设备及隧道工程喷涂防水案例等内容，介绍了喷涂速凝橡胶沥青防水材料和丙烯酸盐喷膜防水材料在隧道工程中的应用情况。
　　本书是对隧道工程防水新材料和新技术的介绍，可以为从事隧道及地下工程防水相关设计、施工、管理和科研的人员提供参考和借鉴。

责任编辑：李笑然　刘瑞霞
责任校对：李欣慰

中铁设计集团隧道及地下工程技术丛书
隧道喷涂防水技术及工程实践

吕　刚　岳　岭　刘建友
著
刘　方　蒋雅君　赵菊梅

*

中国建筑工业出版社出版、发行（北京海淀三里河路 9 号）
各地新华书店、建筑书店经销
霸州市顺浩图文科技发展有限公司制版
北京中科印刷有限公司印刷

*

开本：787 毫米×1092 毫米　1/16　印张：8½　字数：211 千字
2022 年 6 月第一版　　2022 年 6 月第一次印刷
定价：**95.00** 元
ISBN 978-7-112-27442-0
（38795）

版权所有　翻印必究
如有印装质量问题，可寄本社图书出版中心退换
（邮政编码 100037）

编写委员会

主　　任：吕　刚　岳　岭

副 主 任：刘建友　刘　方　蒋雅君　赵菊梅

参编人员：张宇宁　凌云鹏　张　斌　田四明　巩江峰

　　　　　王　伟　高　超　李鹏飞　孙　毅　房　倩

　　　　　于晨昀　陈　慧　陈志广　徐治中　李　力

　　　　　秦代发　崔振喜　张矿三　王　琨　陈俊林

　　　　　张　延　郭　磊　彭　斌　胡　晶　康　佩

　　　　　谭富圣　马福东　孟　超　李汶京　夏梦然

　　　　　杨甲豹　王　磊　崔亚南　杨克文　金张澜

　　　　　胡庆龙　智宏亮　王晋辉　丁啸宇　高志荣

　　　　　安启明　王文谦　丁建伟　徐品章　贺礼超

　　　　　田元昊　答子虔　史璐慧　付泽宽　张　鑫

　　　　　王振国

主编单位：中铁工程设计咨询集团有限公司

参编单位：西南交通大学

　　　　　北京交通大学

　　　　　北京工业大学

　　　　　广东嘉洲兴业实业有限公司

前　言

　　隧道工程渗漏水是长期以来行业中的一个突出质量通病，对隧道的正常运营和安全使用造成了较大的影响，并使隧道的维修成本明显增加，降低了隧道运营的经济效益。为了提高隧道工程防水的质量，减少渗漏水对隧道运营和安全的影响，世界各国陆续推出了一些新型的防水材料和防水技术，用于取代目前在隧道工程中应用的传统防水卷材和防水板。其中，国内外近年来逐步开始推行一种用于隧道及地下工程的喷涂防水技术，这种采用喷涂方式形成隧道结构防水层的方法，克服了防水卷材和防水板在隧道中应用的一些问题，具有基面适应性好、与基面密贴防水、没有接缝、整体性好、施工快速方便等特点，提高了隧道防水的质量，取得了良好的效果。速凝橡胶沥青和丙烯酸盐是近年来应用于我国隧道及地下工程中的新型喷涂防水材料，目前已经在国内的公路、铁路和城市轨道交通隧道及地下车站中得到了较为广泛的应用和推广，取得了良好的效果和经济效益。

　　本书结合国内现有的隧道喷膜防水技术的研究成果和工程应用经验，基于喷涂速凝橡胶沥青防水材料和丙烯酸盐喷膜防水材料，系统梳理了隧道工程喷膜防水技术的要点，包括喷涂防水材料技术原理及性能，以及隧道工程喷涂防水设计、喷涂防水施工技术、喷涂防水设备等主要技术内容，并结合东花园隧道等工程实例介绍了喷涂防水材料在隧道喷涂防水工程中的设计和施工技术。全书理论结合实际，希望为喷涂速凝橡胶沥青防水材料、丙烯酸盐喷膜防水材料等新型隧道工程喷涂防水材料及技术在我国隧道工程中的应用和推广提供借鉴。

　　本书总结的部分研究成果源自国家自然科学基金项目"隧道喷膜防水衬砌力学特性研究"（项目编号：51878570）、"隧道工程喷膜防水材料防水机理及效能研究"（项目编号：51108385）、"用于地下工程的丙烯酸盐喷膜防水材料在地下水环境介质中失效性及对策的研究"（项目编号：50678151）、"基于CT理论的隧道及地下工程防水材料效能及耐久性评判方法研究"（项目编号：51178401），著者在撰写本书的过程中也引用了国内外学者的研究成果和国内部分厂家提供的资料，在此一并表示感谢！

　　由于著者水平有限，书中难免存在不足和错误，敬请同行专家和读者批评指正。

目　　录

第1章　绪论 ……………………………………………………………… 1

　1.1　隧道工程喷涂防水技术发展 ……………………………………… 1
　　1.1.1　隧道工程喷涂防水技术发展背景 ……………………………… 1
　　1.1.2　隧道工程喷涂防水技术发展阶段 ……………………………… 2
　1.2　隧道工程喷涂防水技术体系 ……………………………………… 4
　　1.2.1　喷涂防水材料 …………………………………………………… 4
　　1.2.2　喷涂防水设备 …………………………………………………… 6
　　1.2.3　喷涂施工工艺 …………………………………………………… 8
　　1.2.4　喷涂防水构造 …………………………………………………… 9
　1.3　隧道工程喷涂防水技术应用情况 ………………………………… 11
　　1.3.1　喷涂速凝橡胶沥青防水材料 …………………………………… 11
　　1.3.2　丙烯酸盐喷膜防水材料 ………………………………………… 14
　　1.3.3　隧道工程喷涂防水技术发展趋势 ……………………………… 16

第2章　喷涂防水材料技术原理及性能 ……………………………… 17

　2.1　喷涂速凝橡胶沥青防水材料 ……………………………………… 17
　　2.1.1　成膜原理 ………………………………………………………… 17
　　2.1.2　防水机理 ………………………………………………………… 17
　　2.1.3　材料特性 ………………………………………………………… 18
　　2.1.4　材料性能 ………………………………………………………… 21
　2.2　丙烯酸盐喷膜防水材料 …………………………………………… 22
　　2.2.1　成膜原理 ………………………………………………………… 22
　　2.2.2　防水机理 ………………………………………………………… 22
　　2.2.3　材料特性 ………………………………………………………… 24
　　2.2.4　材料性能 ………………………………………………………… 27
　2.3　喷涂防水材料性能检验方法 ……………………………………… 27
　　2.3.1　试件规格及数量 ………………………………………………… 27
　　2.3.2　试验检验方法 …………………………………………………… 28
　　2.3.3　性能检验规则 …………………………………………………… 34

第3章　隧道工程喷涂防水设计 ……………………………………… 36

　3.1　防水设计基本要求 ………………………………………………… 36

5

3.1.1 隧道防水原则 ·· 36

3.1.2 隧道防水设计标准 ··· 37

3.1.3 隧道防水设防要求 ··· 37

3.1.4 隧道喷涂防水层厚度 ·· 38

3.1.5 隧道防水设计内容 ··· 39

3.2 明挖隧道主体结构防水系统 ··· 39

3.2.1 拱形明挖隧道防水 ··· 39

3.2.2 矩形明挖隧道防水 ··· 40

3.3 暗挖隧道主体结构防水系统 ··· 45

3.3.1 暗挖隧道主洞 ··· 45

3.3.2 附属洞室及辅助坑道 ·· 48

3.4 细部构造防水设计 ··· 49

3.4.1 施工缝 ·· 49

3.4.2 变形缝 ·· 50

3.4.3 其他细部构造 ··· 52

第4章 隧道工程喷涂防水施工技术 ······································· 54

4.1 喷涂防水施工技术要点 ·· 54

4.1.1 施工方案编制及交底 ·· 54

4.1.2 防水基面处理措施 ··· 55

4.1.3 喷枪操作控制参数 ··· 57

4.1.4 喷涂防水施工工艺要求 ··· 57

4.1.5 喷涂防水层质量检验与验收 ··· 58

4.2 喷涂防水施工实施细则 ·· 59

4.2.1 一般性要求 ··· 59

4.2.2 施工工艺流程 ··· 59

4.2.3 施工步骤 ··· 59

4.2.4 施工机具设备 ··· 60

4.2.5 施工准备 ··· 61

4.2.6 喷涂施工作业 ··· 63

4.2.7 缺陷修补 ··· 64

4.2.8 成品保护 ··· 64

4.2.9 施工质量验收 ··· 64

4.2.10 安全与环保要求 ·· 65

第5章 隧道工程喷涂防水设备 ··· 67

5.1 喷涂设备原理及选型 ·· 67

5.1.1 空气喷涂技术 ··· 67

5.1.2 高压无气喷涂技术 ··· 68

5.1.3	空气辅助无气喷涂技术	68
5.1.4	喷涂设备比选	69

5.2 人工喷涂设备系统 ··· 70

5.2.1	喷涂成膜方式	70
5.2.2	设备功能要求	71
5.2.3	设备组成部件	71
5.2.4	设备规格与性能参数	72

5.3 智能化喷涂设备开发 ··· 72

5.3.1	设备设计要求	72
5.3.2	设备结构组成	74
5.3.3	设备规格及性能参数	76
5.3.4	设备控制及操作使用	76
5.3.5	设备喷涂实施效果	77

第6章 东花园隧道喷涂防水工程案例 ··· 79

6.1 工程概况 ··· 79

6.1.1	隧道基本情况	79
6.1.2	工程地质条件	80
6.1.3	水文地质条件	82
6.1.4	气象条件	83

6.2 隧道防水设计 ··· 83

6.2.1	隧道防水系统设计	83
6.2.2	变形缝防水设计	84
6.2.3	施工缝防水设计	97

6.3 隧道结构节点防水施工 ··· 98

6.4 隧道结构喷涂防水施工 ··· 100

6.4.1	施工工艺流程	100
6.4.2	基面处理	100
6.4.3	节点处理	101
6.4.4	喷涂防水	103
6.4.5	质量控制	104

6.5 实施效益分析 ··· 105

第7章 其他隧道喷涂防水工程案例 ··· 106

7.1 深圳迭福液化天然气接收站 LNG 工艺隧道 ··· 106

7.1.1	工程概况	106
7.1.2	隧道防水设计	108
7.1.3	喷膜防水施工	110
7.1.4	现场应用效果	113

7.2 重庆三南铁路吴家湾隧道 ·················· 115

   7.2.1 工程概况 ·················· 115

   7.2.2 隧道防水设计 ·················· 116

   7.2.3 喷膜防水施工 ·················· 116

   7.2.4 现场应用效果 ·················· 120

7.3 遂宁河东新区城市综合管廊 ·················· 120

   7.3.1 工程概况 ·················· 121

   7.3.2 喷膜防水设计与施工 ·················· 121

   7.3.3 现场应用效果 ·················· 123

参考文献 ·················· 125

第1章 ▶▶

绪论

1.1 隧道工程喷涂防水技术发展

1.1.1 隧道工程喷涂防水技术发展背景

进入 21 世纪以来，我国隧道的发展极为迅速，隧道工程的建设规模和长度每年都在刷新纪录，已经成为名副其实的隧道大国。根据有关统计：截至 2020 年年底，我国投入运营的铁路隧道共 16798 座，总长约 19630km；截至 2020 年年底，我国公路隧道数量为 21316 座，隧道总长度达到 21999.3km；截至 2020 年年底，我国 38 个城市已经开通运营的地铁线路里程已经超过 6000km，在建的地铁线路里程尚有近 5000km。此外，还有城市综合管廊、水工隧洞等隧道和地下工程，也得到了较快发展。在隧道建设取得巨大成就的同时，我国隧道工程渗漏水的问题却一直没有得到改善，对地下水的处理和防治仍然是目前隧道工程设计、施工、运营中的重点和难点。根据有关统计，我国隧道工程渗漏水的比例高达 90%，其中严重渗漏水的比例约占 30%。隧道渗漏水的原因主要来自设计、施工、材料、结构变异、维修养护等方面，其中由于目前所采用的防水材料、防水构造形式、防水施工质量等造成的问题或隐患是主要影响因素。

为了提高隧道工程防水的质量减少渗漏水对隧道运营和使用的影响，世界各国陆续推出了一些新型的防水材料和防水技术，用于取代目前在隧道工程中传统的防水卷材和防水板，通过近年来在隧道工程的一些应用和推广，取得了一定的效果。其中，国内外近年来逐步开始推行一种用于隧道及地下工程的喷涂防水技术（在隧道工程中也被称为喷膜防水技术），引起了较大的关注。这种采用喷涂方式形成隧道结构防水层的方法，克服了防水卷材和防水板在隧道中应用的一些问题，具有基面适应性好、与基面密贴、没有接缝、整体性好、施工快速方便等优点，提高了隧道防水的质量，取得了良好的应用效果。这些新型的喷涂防水材料包括聚脲、丙烯酸盐、EVA-水泥复合材料、聚氨酯以及速凝橡胶沥青，目前已经在世界上多个国家的众多暗挖和明挖隧道中得到了成功应用（图 1-1）。

随着隧道工程喷涂（膜）防水技术的发展和进步，在 2013 年瑞士日内瓦召开的国际隧道协会（ITA）年会上推出了一本用于隧道工程喷涂（膜）防水技术的设计指南（ITAtech Design Guidance for Spray-applied Waterproofing Membranes）（图 1-2），这表明国际隧道界已经逐步开始注意及认可这项新技术在提高隧道防水质量上的作用，并开始积极向世界各国推广这项新技术。自此以后，掌握该类新材料和新技术的公司和隧道工程应用案例也开始逐年增多，隧道工程喷涂（膜）防水技术得到了进一步的发展。

· 1 ·

隧道喷涂防水技术及工程实践

(a) 暗挖隧道

(b) 明挖隧道

图 1-1　隧道工程喷涂（膜）防水技术应用（国内）

图 1-2　ITA 隧道喷涂（膜）
防水设计指南

从 20 世纪末开始，国内学者和部分机构也围绕该技术开展了相应的研究工作，并在我国不同类型的隧道及地下工程中进行了推广应用。2013 年前后，西南交通大学、中国铁道科学研究院等单位陆续编制了几本相应的技术规范，对该新技术在国内隧道和地下工程中的应用和推广提供了支撑。虽然隧道喷涂（膜）防水技术在国内隧道工程防水中所占的比例还不高，但由于该技术在工程应用中所体现出来的防水性能、施工效率等方面的优势，喷涂（膜）防水材料替代传统防水卷材和防水板将可能成为隧道工程防水技术发展的趋势之一。

1.1.2　隧道工程喷涂防水技术发展阶段

从隧道工程喷涂（膜）防水技术的出现至目前发展和应用的过程来看，大致可以划分为三个不同的阶段。

1. 早期阶段（1960—1980 年）

喷涂（膜）防水技术的出现是在发达国家中随着人工费用的增加及对防水质量的改善需求而出现的，将防水涂料采用机械喷涂的方式施工，随之也出现了一些适用于喷涂方式的专用喷涂（膜）防水材料，主要在屋面或地下室墙面防水上使用。

这个时期也是发达国家对隧道防水形式和材料进行革新和尝试各种新手段的时期，除了防水板以外，喷涂（膜）防水技术也在这个时期被引入到山岭隧道的应用中。较早将喷涂（膜）防水技术应用于山岭隧道的工程实例始于 1960—1965 年期间，联邦德国、奥地利和瑞士修建的 20～30 个公路隧道，使用瑞士 SIKA 公司的掺有玻璃纤维加强的聚酯树脂喷层来防水。20 世纪 60 年代期间，在联邦德国的地下工程中也出现了不少用于喷射密封防水的新材料，这些材料按其性质不同大致可分为两类：玻璃纤维聚酯和沥青-橡胶混合物。

总体上来看，这个阶段前后喷涂（膜）防水技术虽然已经被引入到隧道的防水中，但案例数量尚不多，配套的机械设备也不成熟，喷膜技术在逐步地完善中。

· 2 ·

2. 发展阶段（1980—2000 年前后）

在本阶段，世界各地开始逐步重视该项技术，推出了基于丙烯酸盐、聚氨酯、聚脲等材料的喷涂（膜）防水技术及专用机械设备，工程实例也逐步增多，隧道工程喷涂（膜）防水技术的影响有所增加。

这个时期以日本为典型代表，从 20 世纪 80 年代中期开始，日本陆续开发出了隧道喷涂（膜）防水技术，并出现了一批材料、设备专利。如日本株式会社鸿池组所开发的喷膜技术可采用人工喷射，在喷射断面规则的地方也可采用自动喷膜机进行施工。从 1990 年在日置隧道的应用开始，该技术又在日本其他三个工程中得到了应用：新港南台泵场修筑工程、阪神福岛地下化工程、东海北陆自动车道大濑子工程。同时期其他发达国家的隧道喷涂（膜）防水技术也在进一步发展中，在山岭隧道中得到了应用。此阶段在该技术上发展较为迅速的公司以瑞士 UGC International 为典型代表，提供的喷涂（膜）防水系列产品有 Masterseal®340F（水剂）与 Masterseal®345（粉剂）两种，在该时期得到应用的隧道工程约 10 个，包括公路隧道、铁路隧道、水电站引水隧洞，遍布南美、北美、澳大利亚等国家和地区。喷涂（膜）防水技术在其他类型隧道中的应用也得到了拓展，如中国香港港口东侧的沉管隧道、英国英法海峡隧道附近的两座明挖隧道。该时期在沉管和明挖隧道上应用的典型代表公司为英国 Stirling Lloyd Polychem Ltd.，该公司开发了以聚甲基丙烯酸甲酯为主的喷涂型防水材料，主要用于桥面、明挖隧道、沉管隧道等表面平整的防水，并对 10 余座明挖、沉管隧道及一些桥梁进行了防水施工。

在此阶段，我国对隧道喷涂（膜）防水技术的研发和应用也开始起步。最早报道国内隧道应用的喷涂（膜）防水技术是采用阳离子乳化沥青胶乳防水涂料，其在十几座铁路隧道进行渗漏的治理，取得了较好效果，并于 1986 年通过了原铁道部的鉴定。西南交通大学于 1998 年获得原铁道部科技项目立项后正式开始了丙烯酸盐喷膜防水材料、配套设备、施工工艺技术的系统研究，完成了在试验室条件下喷膜材料配方的优化和喷射设备的研制，项目成果于 2000 年通过了原铁道部科技司的技术审查。1999—2002 年期间，先后在人竹林铁路隧道平行导坑、莲黄公路隧道和磨沟岭铁路隧道等工点进行了喷膜防水工程试验的应用尝试。

本阶段中，隧道工程喷涂（膜）防水技术得到了较快的发展和进步，专用材料、配套设备都得到了开发和研制，隧道工程应用类型和实例也逐渐增多，但总体上技术还处于一个发展和完善阶段。

3. 较大规模应用阶段（2000 年后～至今）

此阶段随着应用实例逐渐增多，该技术也逐步得到了国内外隧道工程界的了解和关注，其应用范围开始逐步扩大，并正在朝着机械化作业的方向发展。

在该领域较为活跃的国外公司仍然是以 UGC International 公司为代表，陆续又采用喷涂（膜）防水技术施工了几十个隧道防水工程（包括一些海底隧道），并采用了机械手臂进行快速喷涂施工，该公司对此技术的应用情况已持续在国际隧道协会（ITA）近年的年会中进行了交流。该公司还把喷膜防水技术推广应用到了隧道维修加固中，如在英国的 3 座有着 150 年历史的铁路隧道上，采用 Masterseal® 345 喷膜防水材料结合喷射钢纤维混凝土进行了修复和补强。其他一些国外公司也在积极发展和推广隧道喷涂（膜）防水技术，一些新型喷涂防水材料如聚氨酯/聚脲、聚甲基丙烯酸甲酯、喷涂速凝橡胶沥青等也陆续被应用在国外的隧道工程防水中，如美国波士顿地铁、美国北卡罗莱州高速公路隧道、澳大利亚布里斯班CLEM7道路隧道、日本东京涩谷车站等。

国内的隧道喷涂（膜）防水工程应用实例在本阶段也呈现出积极的增长态势，西南交通大学对基于丙烯酸盐的喷膜防水技术进行了推广和应用，近年该技术已经在国内多座山岭隧道、地铁隧道、城市综合管廊、地下通道及洞库中进行了应用，工程实例种类较多，且部分实例具有一定的代表性，如位于高海拔地区的四川松潘县牟尼沟公路隧道、贵广高铁天平山隧道、南京青奥轴线地下通道B2-J1节点、深圳中海油LNG工艺隧道、兰渝高铁阆中火车站地下通道、贵阳地铁1号线及2号线区间隧道、南宁地铁5号线车站通道等。聚脲近年在国内的隧道工程中也得到了一定的应用，如广州地铁4号线和7号线连接段隧道试验段、上海地铁同济大学站、四平路站、临平路站顶板及上海外滩交通枢纽隧道工程顶板防水。另外由于聚脲优异的抗腐蚀性能，在国内沉管隧道中也得到了应用（如天津滨海新区中央大道海河隧道工程沉管段、港珠澳大桥沉管段）。喷涂速凝橡胶沥青的应用近年来在国内呈现出较快的增长趋势，在国内一些隧道、地铁中得到了一定应用，如京张高铁东花园隧道、广州地铁13号线区间隧道等。

本阶段中所呈现的特点是隧道及地下工程应用实例有了较大幅度的增加，各种新型喷涂（膜）防水材料种类开始增多；施工机具和设备开始朝着专业化、机械化、智能化方向发展；基于喷涂（膜）防水技术的防水体系概念逐步得到提出，并逐步开始重视防水体系的综合性能；相应的技术标准、应用指南开始制定和颁布。总体上而言，在本阶段该技术已经开始走上规范化和有序发展的道路。

1.2 隧道工程喷涂防水技术体系

从目前隧道工程喷涂防水技术的研究和应用现状来看，相关的技术体系（从工程应用的层面来说）包括喷涂防水材料、喷涂防水设备、喷涂施工工艺、喷涂防水构造等几个主要方面。

1.2.1 喷涂防水材料

隧道工程喷涂防水材料从属性上来说，可以划入建筑防水涂料的大类。建筑防水涂料是将涂料单独或与胎体增强材料复合或分层施作在需要进行防水处理的基层面上，可形成一定连续无缝的整体且具有一定厚度的涂膜防水层，从而满足工业与民用建筑的屋面、地下工程、楼地面等部位的防水抗渗透要求。为达到快速施工的目的，目前也有一些建筑防水涂料采用喷涂机具进行施工，以提高施工效率和保证施工质量，同时也出现了一些专用的喷涂防水材料（如丙烯酸盐喷膜防水材料、喷涂速凝橡胶沥青防水材料、喷涂聚脲防水材料等）。

1. 防水涂料的种类

建筑防水涂料按使用行业分为建筑工程防水涂料、民用家装防水涂料、道桥防水涂料、隧道防水涂料等；根据涂料的液态类型，可分为溶剂型、水乳型、反应型三类；根据涂料组分不同，一般可分为单组分防水涂料和双组分防水涂料两类；按照涂料的主要成膜物质不同，可分为合成高分子类（又可再分为合成树脂类和合成橡胶类）、高聚物改性沥青类（亦称橡胶沥青类）、沥青类、聚合物水泥类、水泥类。建筑防水涂料按成膜物质的分类如图 1-3 所示。

目前，我国在隧道及地下工程中使用的防水涂料大体有橡胶类、合成树脂类和水泥基类，主要品种有：聚氨酯、氯丁橡胶、丙烯酸酯、硅橡胶、改性沥青等。选用防水涂料时，要综合分析，全面衡量，从质量、效果、耐久性和经济性等多因素考虑，按不同结构、不同部位，选用不同类型的防水涂料，充分发挥材料的特点，取得理想的防水效果。

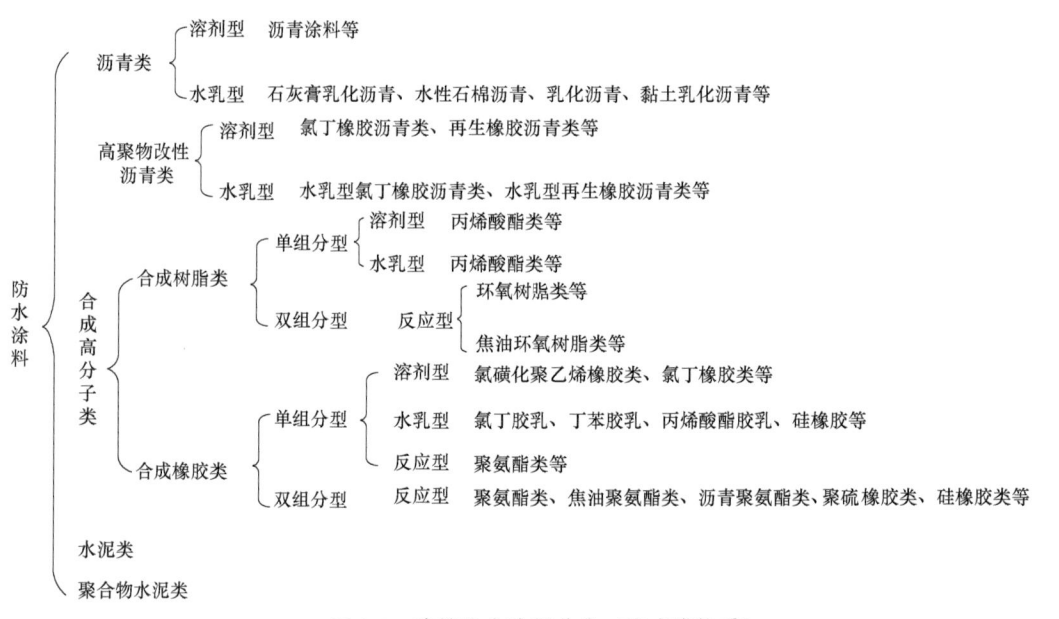

图 1-3　建筑防水涂料分类（按成膜物质）

2. 喷涂防水材料的成膜机理

目前，在实际工程中得到应用的喷涂类防水材料种类较多，为方便分析，此处仅将喷涂防水材料按组分分成单组分和双（多）组分来进行阐述。通常单组分喷涂防水材料对喷射机具和技术的要求较低，但是可能存在聚合速度慢、养护时间长、含有可挥发性溶剂、对环境条件要求较严格等缺点，因此目前大多数的隧道工程喷涂防水材料采用了双（多）组分成膜体系。但同时双（多）组分成膜体系也带来了施工设备复杂与昂贵、材料配比要求控制精确、技术流程复杂及对施工人员技能要求高等问题。

（1）单组分喷涂防水材料的成膜机理主要有：①喷膜后材料组分中的水或者溶剂挥发后，形成紧密堆积的固体微粒层而成膜；②喷膜后依靠材料中所含的反应型基团与空气中的湿气发生反应而固化成膜。虽然有时可通过在喷射过程中加入一些加速剂来加快材料的聚合时间，但是这些材料仍然应该被认为是单组分的，因为无论是否加入加速剂，这些材料喷射后都会聚合，且加速剂也并没有改变材料的性质。

（2）双（多）组分喷涂防水材料则主要是通过喷膜材料的两（多）种组分在喷射过程中发生混合引发快速聚合交联成膜，成膜过程通常是一个化学过程，或者有时是物理-化学的混合过程，通常存在放热现象。

· 5 ·

1.2.2 喷涂防水设备

目前，在喷涂领域应用比较成熟的喷涂技术及设备主要分为三种类型：空气喷涂设备、高压无气喷涂设备及空气辅助无气喷涂设备。由于不少液体喷涂原料黏度都相对较大，为保证较高的喷涂速率以提高施工效率，不少喷涂防水技术都选用了高压无气喷涂设备进行喷涂作业，部分材料还需要喷涂设备具备加热功能（如聚脲）。

1. 高压无气喷涂设备

高压无气喷涂原理是将涂料施加高压使其从涂料喷嘴喷出，当涂料离开涂料喷嘴的瞬间，与空气发生激烈的高速碰撞，使涂料破碎成微粒。在涂料粒子的速度未衰减前，继续向前与空气发生多次碰撞并不断被粉碎，使涂料被雾化。

目前，在专业制造喷涂设备领域，以美国固瑞克公司为典型代表，其喷涂设备产品系列丰富，能全面满足各种喷涂防水材料喷涂作业的需要（部分单组分、双组分喷涂设备如图 1-4 所示）。该类喷涂设备通常需要外接空气压缩机，通过压缩空气驱动泵的运转，为涂料的运动提供高压。近年来根据工程喷涂防水作业的需求，固瑞克公司也研发出了电动喷涂设备，提高了现场施工的便利性。

 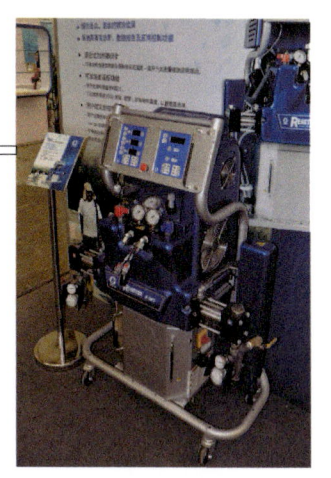

(a) 单组分无气喷涂机　　　　　(b) 双组分无气喷涂机

图 1-4　固瑞克无气喷涂设备

随着国内机械设备制造能力的提升，国产的高压无气喷涂设备性能也在日趋完善，型号也开始多样化，与国外同类产品相比性价比较高，在国内的喷涂防水工程中发挥了越来越重要的作用。如中船重工集团重庆长江涂装机械厂生产的"长江"牌喷涂机系列产品，可喷涂各种常规涂料，各种厚浆型高黏度重防腐蚀涂料，富锌涂料，隔热、防振阻尼涂料，PVC 防石击车底涂料，含有短纤维、粗颗粒的特种涂料，以及涂布各种单、双组分密封胶，在工程喷涂防水中多被国内单位所采用。

为方便现场施工使用，目前也出现了自带动力的双组分无气喷涂设备（图 1-5），有汽油和电动驱动两种，但能提供的喷涂压力比压缩空气驱动小。

・6・

(a) 电动双组分喷涂机

(b) 汽油驱动双组分喷涂机

图 1-5　双组分无气喷涂设备

2. 喷枪类型

当双组分喷膜液料到达喷枪时，根据喷枪形式及药料混合方式又可以分成（图 1-6）：①枪内混合（单喷头）：在喷枪内及在通过喷嘴后的空气中发生混合；②枪外混合（双喷头）：两种原料各自通过独立的喷头进行喷射，在空气中进行碰撞混合。两种类型喷枪的实物如图 1-7 所示。

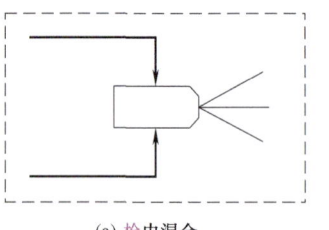
(a) 枪内混合

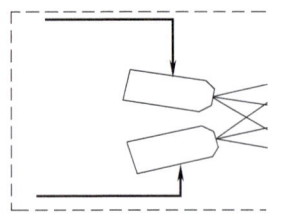
(b) 枪外混合

图 1-6　喷枪处液料混合方式

(a) 单喷头

(b) 双喷头

图 1-7　喷枪类型

3. 智能化喷涂设备

在隧道工程喷涂防水技术发展的过程中，喷涂设备也正在从简单的机械化向自动化、智能化方向发展。如日本株式会社鸿池组开发的用于隧道规则断面区段的喷射台车、

· 7 ·

隧道喷涂防水技术及工程实践

UGC International 公司采用的喷涂机械手等（图 1-8）。目前，最先进的隧道喷涂防水设备最高喷涂速度可达到 $120\mathrm{m}^2/\mathrm{h}$ 以上，大大提高了喷涂作业的效率。

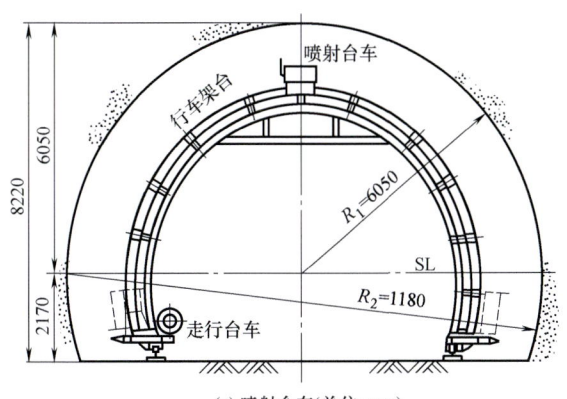

(a) 喷射台车(单位:mm)

(b) 喷涂机械手

图 1-8　自动化喷涂设备

国内的隧道喷涂设备也在发展和进步，如京张高铁东花园隧道明洞段所采用的智能化喷涂设备系统（图 1-9），该设备摒弃了传统的隧道防水涂料喷涂设备的诸多不足，如从喷涂台车主要依靠人工移动到固定位置、人工手动喷涂，到实现了智能化喷涂，极大地提高了喷涂效率，加快了施工进程；提高了喷涂的均匀性，确保了喷涂厚度满足设计和规范要求；避免了喷涂工作对操作人员的健康危害，从而大大地降低了隧道喷涂防水施工的劳动力成本和施工风险。由于涂膜具备的优异性能与科学施工工艺的有效结合，能够最大限度地发挥材料性能并保障工程质量，进而推进了新技术、新工艺、新材料、新设备的应用。

1.2.3　喷涂施工工艺

喷涂施工工艺直接决定了喷涂防水层的质量，继而影响隧道防水的效果。因此需要严格控制施工工艺及相关施工要求。无论是技术或管理人员，均需要经过培训才能上岗，而且在施工中也应进行全程管理，全面确保施工质量。

目前，虽然不同的喷涂防水材料对施工工艺的要求有所差别，但是基本都包括如下主要环节（图 1-10）。

图 1-9　智能化喷涂设备系统（京张高铁东花园隧道）

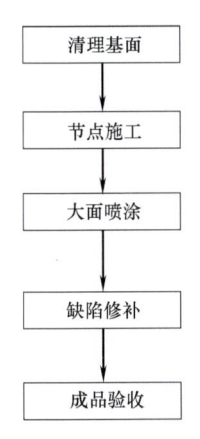

图 1-10　隧道喷涂防水施工流程

- 8 -

第1章 绪论

具体到隧道工程喷涂防水施工技术，通常都包含以下几个要点：

（1）基面清洁。必须对喷膜基面表面的粉尘和浮渣进行清理，保证防水层与基面的粘结效果。

（2）基面地下水处理。对喷涂基面出露的地下水需要进行处理，包括注浆堵水与安装局部排水设施，有时根据排水需要而在初期支护基面整体铺设土工布作为排水层或隔离层。

（3）基面找平。对喷膜基面有平整度要求，必要时需找平以减少喷膜材料消耗量和保证成膜质量。

（4）设备参数范围可调整。喷涂设备控制参数及喷射操作参数具有一定的可调整范围，以适应不同部位的喷膜要求。

（5）防水层质量控制与修补。喷涂过程中需要对防水膜的外观、覆盖程度、厚度等项目进行检查和控制，防水膜层的缺陷部位还需要进行修补。

对采用不同材料的喷涂防水技术，在具体的施工工艺上还可能存在一定区别，如聚脲材料对基面还需要进行抛丸打磨处理；聚脲、聚甲基丙烯酸甲酯等材料通常还需要在基面上施作一层底漆，以保证良好的粘结强度；为保证充分固化和足够的厚度，有时需要分两次或者多次进行喷涂。

1.2.4 喷涂防水构造

我国隧道中常用的防水体系主要可以分为排水型、非排水型（防水型）两大类。目前，在山岭环境中以排水型居多（如公路隧道、铁路隧道），在城市环境中则以非排水型居多（地铁区间隧道、城市公路隧道、电力隧道等）。为配合这两种隧道防水体系的构造形式、充分发挥出喷涂防水层的优势，需要根据喷涂防水材料的性能特点、施工要求等因素做出综合考虑。

1. 排水型隧道喷涂防水构造

目前，国内大多数的山岭隧道都是该种类型的防水体系，也将是喷涂防水材料在国内隧道工程中应用的主要对象。常见的排水型隧道防水构造的主要组成部分包括初期支护、无纺布缓冲层、防水层（防水板或喷涂防水层）、二次衬砌及衬砌背后排水设施，其中防水层通常只设置在拱墙部位，仰拱处往往只设置横向排水管和中央排水沟（图1-11）。

排水型隧道结构充分利用布置的排水设施尽可能地排出防水层后的积水，以消除作用在二次衬砌上的水压力。但是除了在初期支护表面布置的环向、纵向排水管以外，拱墙部位全面铺设的无纺布也能起到重要作用；同时，由于初期支护基面不平顺所形成的与防水层之间的空腔，在一定程度上也能起到排水的作用（图1-12）。

在国内目前已经实施的大部分山岭隧道喷涂防水案例中，均是将图1-12中的防水板直接替换为喷涂防水层，但通常不取消无纺布缓冲层或者铺挂一层HDPE/LDPE薄膜。从部分国内工程的经验来看，这样的做法是由于初期支护喷射混凝土基面粗糙、渗水严重（图1-13），通常无法直接在初期支护混凝土基面喷涂防水膜。对喷涂基面的处理费时费工，会造成防水造价和工时的成倍上升，并且喷涂防水层的质量也难以得到保证。此外，喷涂防水层后保留一层缓冲层，对地下水的渗流和引排也留出了一定的空间，在不改变传统复合式衬砌排水系统构造的情况下，也可以保证隧道衬砌水压得到较大的释放，从而使

· 9 ·

隧道喷涂防水技术及工程实践 ········

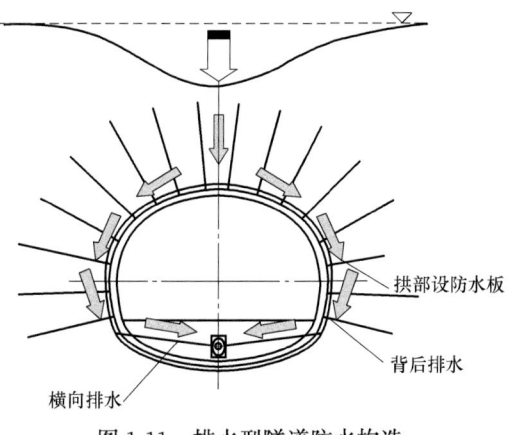

图 1-11　排水型隧道防水构造

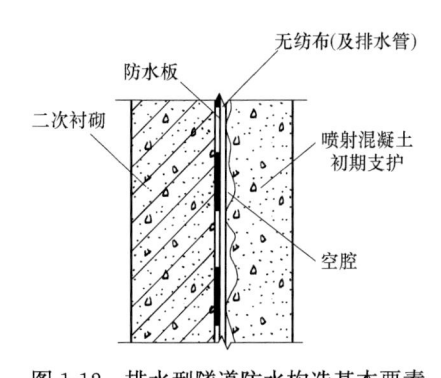

图 1-12　排水型隧道防水构造基本要素

（a）喷射混凝土初期支护基面粗糙

（b）喷射混凝土初期支护基面渗水

图 1-13　隧道初期支护基面常见情况

得隧道衬砌的设计中无需考虑额外的地下水压力的荷载。

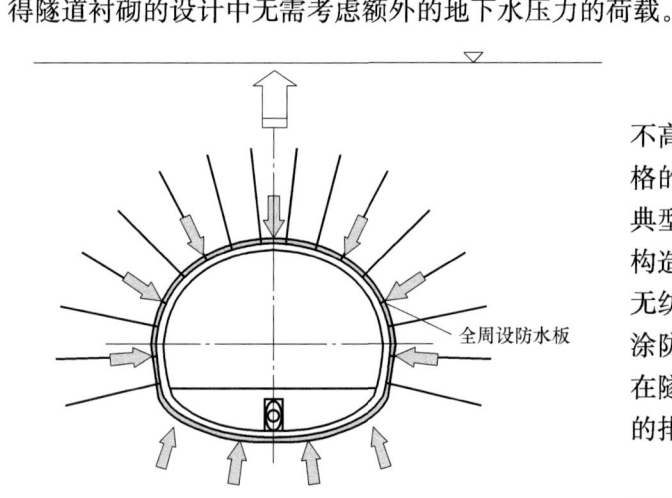

图 1-14　非排水型隧道防水构造

2. 非排水型隧道喷涂防水构造

非排水型隧道主要在地下水水位不高或对地下水环境保护要求较为严格的条件下使用，地铁区间隧道即为典型的非排水型隧道。该类隧道防水构造的主要组成部分包括初期支护、无纺布缓冲层、防水层（防水板或喷涂防水层）、二次衬砌，其中防水层在隧道全周设置，并取消了衬砌背后的排水系统（图 1-14）。

在非排水型隧道中由于不允许地下水向洞内排泄，因此在二次衬砌设计时通常计入全水头高度的水压荷载。在这种情况下，如果基面条件良好，将喷涂防水层直接施作在初期支护基面是适宜的（图 1-15），能起到初期支护-防水层-二次衬砌紧密结合的作用，并在一定程度上防止"窜水"发生。

· 10 ·

第1章　绪论

　　图 1-15 仅为理论构造形式，而根据国内隧道喷涂防水工程案例的应用经验，在此类隧道防水构造体系的实施过程中，如下问题需要予以重视和采取措施解决：喷射混凝土目前很难做到很平整，而基面的粗糙程度将会影响到喷涂防水层的质量和对基面的连续封闭；初期支护基面的渗水点处无法有效形成喷涂防水层，会造成防水层缺陷及可能造成喷涂防水层后期剥离脱落；仰拱部位通常有积水或渗水无法彻底排除，应考虑隔水设施以保证喷涂防水层的施作。因此，建议在非排水型隧道中采取如图 1-16 所示的防水构造，其中拱墙部位应在初期支护表面铺挂一层无纺布缓冲层（此时无纺布主要是临时隔离初期支护基面渗水并起到找平作用，有时也采用 HDPE/LDPE 薄膜）或砂浆找平层（在基面无渗水或渗水轻微的条件下）。

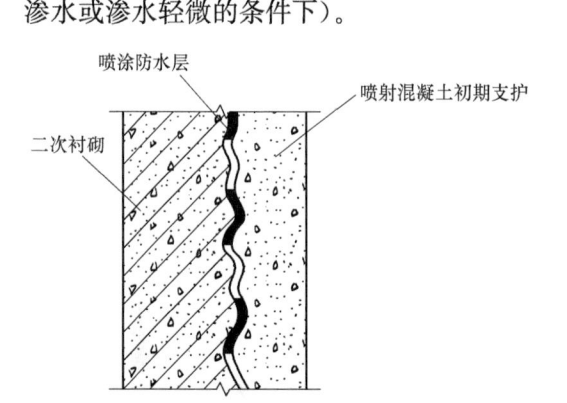

图 1-15　非排水型隧道喷涂防水体系基本要素

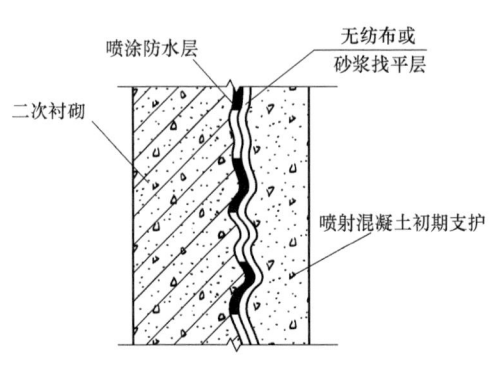

图 1-16　非排水型隧道喷涂防水体系构造

1.3　隧道工程喷涂防水技术应用情况

　　目前，在工程中实际应用的隧道工程喷涂防水材料种类较多，工程案例也在逐年增多，此处主要介绍喷涂速凝橡胶沥青防水材料及丙烯酸盐喷膜防水材料在国内隧道工程中的发展与应用情况。

1.3.1　喷涂速凝橡胶沥青防水材料

1. 发展与应用历程

　　喷涂速凝橡胶沥青防水材料在国外被称为液体橡胶，是一种高分子聚合弹性防水涂料，双组分常温喷涂，完美包覆基底，形成"皮肤式"防水层，适用于铁路、公路、地铁、市政工程、环境工程、房建、管廊等防水工程。

　　1993 年，美国镭钠公司发明了喷涂速凝橡胶沥青防水材料的生产技术，随后该防水涂料在北美、欧洲、俄罗斯和中东等地区得到大规模的推广和应用。我国喷涂速凝橡胶沥青防水材料的应用始于 21 世纪初，先从国外引进，到 2009 年，国内公司开始独立研发、生产喷涂速凝橡胶沥青防水材料，至此进入发展阶段。随后其市场应用规模在逐年扩大，其应用领域也在逐年拓宽：从单一的地下侧墙、底板和普通屋面防水、隧道、景观湖的防水维修等工程，到逐步大规模应用于新建大型市政工程（比如垃圾填埋场的垃圾渗滤液储存池、污水处理池、地铁隧道、城市管廊等防水项目）、高铁站房等关系到国计民生重大项目以及彩

· 11 ·

钢屋面、种植屋面、车库等防水工程。目前，喷涂速凝橡胶沥青防水材料的应用工程，包括地下建筑物防水（地下车库、地铁、地下室、地下通道）、地铁防水（隧道、站台等）、隧道防水防渗（铁路、公路隧道及涵洞）、城市综合管廊等。国内部分应用案例见表1-1。

国内喷涂速凝橡胶沥青防水材料应用案例（部分）　　　　　　　　　表1-1

序号	工程名称	工程类型
1	某机库工程	隧道
2	张呼高铁站前土建3标段京张东花园隧道	
3	芮城大禹渡泵站工程	
4	厦门市轨道交通2号线一期工程金融中心站（顶板）	地铁车站
5	厦门市轨道交通2号线一期工程金融中心站（侧墙，底板）	
6	长沙地铁4号线汉王陵公园站	
7	厦门市轨道交通3号线工程洪坑站	
8	郑州市经济技术开发区滨水家园	地下室
9	中信银行杭州分行新大楼	
10	台州市广聚能源科技有限公司厂房及办公楼	屋面
11	陕西省卷烟材料厂滤棒工房	
12	江苏某地渠道防渗工程	渠道

2014年，工信部组织相关单位编制了行业标准《喷涂速凝橡胶沥青防水材料》JC/T 2215—2014，代表着喷涂速凝橡胶沥青防水材料产品规范化、标准化的开始。2016年中国铁路总公司也发布了《铁路工程喷膜防水材料 第2部分：喷涂橡胶沥青》Q/CR 517.2—2016，为该材料在铁路行业的应用提供了支撑。

2. 隧道及地下工程应用案例

如前所述，目前喷涂速凝橡胶沥青防水材料已经逐步在各种类型的防水工程上得到了应用，此处主要介绍其在国内的隧道和地下工程中的应用情况（主要是地铁和山岭隧道）。

国内大多数地铁均采用全包式防水，为确保防水的有效性和可靠性，需要在防水材料、防水工艺上进行多道设防。目前，国内地铁使用喷涂速凝橡胶沥青防水材料作柔性防水层的有天津地铁、北京地铁、哈尔滨地铁、南京地铁、厦门地铁、长沙地铁、广州地铁等。据不完全统计，喷涂速凝橡胶沥青防水材料在国内地铁工程中的施工面积总计已经超过了184.7万 m^2（表1-2），部分案例应用的情况如图1-17所示。

近年来，喷涂速凝橡胶沥青防水材料也已经在京张高铁东花园隧道（图1-9）、张呼高铁西十号隧道明洞段、石武高铁孝感北站、北京亦庄电力隧道、南水北调下穿隧道以及一些公路隧道得到了应用，应用的隧道结构类型包括暗挖隧道、明挖隧道。

国内使用喷涂速凝橡胶沥青防水材料的地铁工程项目（不完全统计）　　　表1-2

序号	项目名称	建设单位/总承包方	施工面积（m^2）	年份
1	京港地铁4号线	北京京港地铁有限公司	8000	2012
2	哈尔滨地铁	中交哈尔滨地铁投资建设有限公司	12000	2017

续表

序号	项目名称	建设单位/总承包方	施工面积（m²）	年份
3	北京地铁	北京市轨道交通建设管理有限公司	510000	2012
4	长沙地铁4号线	长沙地铁轨道交通集团4号线公司	60000	2016
5	青岛地铁1号线	中国铁建股份有限公司青岛地铁1号线土建二标项目总部	20000	2017
6	青岛地铁8号线	中建五局、七局、八局，中铁十八局、二局、一局、四局，中铁隧道局	200000	2018
7	厦门地铁1号线		42000	2017
8	厦门地铁2号线		450000	2018
9	厦门地铁3号线	中铁十八局、二十四局、十七局、十二局、十一局、四局、一局，中交第四航务工程局、中交三航（厦门）工程有限公司、中建海峡（厦门）建设发展有限公司、中铁建大桥工程局	30000	2018
10	厦门地铁4号线		25000	2019
11	厦门地铁6号线		15000	2019
12	厦门地铁3号线五缘湾停车场		155000	2019
13	厦门地铁蔡厝车辆基地		320000	2019
合计			184.7万 m²	—

(a) 厦门地铁

(b) 北京地铁

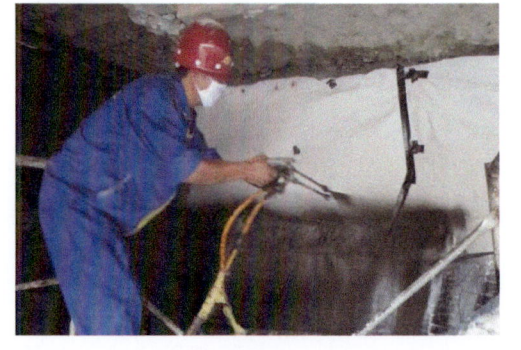

(c) 哈尔滨地铁

(d) 广州地铁

图 1-17 国内地铁工程中喷涂速凝橡胶沥青防水材料应用案例

· 13 ·

1.3.2 丙烯酸盐喷膜防水材料

1. 发展与应用历程

西南交通大学于 1995 年开始对丙烯酸盐喷膜防水材料进行了初步研究,于 1998 年获得原铁道部科技立项资助后,系统性开展了隧道工程丙烯酸盐喷膜防水技术的研究工作,开发了喷膜防水材料、空气辅助无气喷膜设备、隧道喷膜防水施工工艺,并于 1999 年以后在国内的铁路、公路隧道中开展了初步的工程试验。

2003 年,西南交通大学针对丙烯酸盐单体聚合物在地下水环境条件下的抗腐蚀性能进行了研究,对该材料在不同地下水水质中的腐蚀行为进行了宏观层面的表征,掌握了该材料的性能变化特点,为后期的喷膜防水材料性能改性打下了基础。随后西南交通大学继续进行了丙烯酸盐喷膜防水材料在地下水环境中的适应性研究,通过材料改性提高了该喷膜防水材料在隧道工程各种水质环境中的抗腐蚀性能。

2004—2008 年,西南交通大学对丙烯酸盐喷膜防水材料在隧道工程环境中的效能开展了系统研究,将隧道工程中防水层的工作环境分为力学环境、化学环境和特殊环境三大类型,提出了喷膜防水材料在这些工作环境中应具有的功能要求,并据此确定了喷膜防水层的效能体系应包括静防水性能、动防水性能及特殊防水性能三大部分内容。在研究中通过自行设计与建立的试件,模拟了隧道工程喷膜防水层的各种工作环境,进行了系统性的试验和测试,考察了丙烯酸盐喷膜防水材料在隧道工程中的各种工作性态,并建立了其效能评价体系。在此期间,西南交通大学对丙烯酸盐喷膜防水技术进行了升级,包括材料性能提升、喷膜设备改进、施工技术完善等工作。

2007 年及 2012 年,西南交通大学先后获得多个国家自然科学基金项目资助(《用于地下工程的丙烯酸盐喷膜防水材料在地下水环境介质中失效性及对策的研究》,项目编号:50678151;《基于 CT 理论的隧道及地下工程防水材料效能及耐久性评判方法研究》,项目编号:51178401;《隧道工程喷膜防水材料防水机理及效能研究》,项目编号:51108385),对丙烯酸盐喷膜防水材料在各种水环境介质中的失效性以及防治措施等关键问题开展了研究。在此阶段的研究中,不但对丙烯酸盐喷膜材料进行了宏观层面上的物理性质研究,也采用 CT 技术对喷膜防水材料的耐久性开展了微观层面的研究,对其在不同水环境介质中的失效性进行了机理研究,并提出了防止其失效的应对措施及其防水效能评价方法,为完善和扩展该类材料的应用提供了坚实的理论依据。

2019 年开始,西南交通大学基于国家自然科学基金面上项目(《隧道喷膜防水衬砌力学特性研究》,项目编号:51878570),并结合前期工程应用的经验和需求,对隧道工程喷膜防水层的力学本构、界面特性、衬砌结构力学的影响因素及作用机理、防排水体系等开展了系统性的研究工作,并希望提出一套适用于隧道工程设计的衬砌结构实用计算方法。目前该项目正在进行中,希望研究结果能对隧道工程喷膜防水材料的推广和应用提供更多的指导和参考。

2. 隧道及地下工程应用案例

如前所述,丙烯酸盐喷膜防水材料于 1999 年开始,在国内的铁路、公路隧道中进行了一定的工程试验,但直到 2010 年前,所实施的工程案例主要还是处于试验阶段。

从 2010 年起,开始在国内各种类型的隧道及地下工程中进行了较大规模的推广和应用，工程类型包括了铁路隧道、公路隧道、市政道路隧道、地铁车站及区间隧道、城市综合管廊、地下室、垃圾填埋场以及部分特殊工程的隧道及洞室防水。据不完全统计，目前国内使用了丙烯酸盐喷膜防水材料的隧道及地下工程已经达到几十个，表1-3列出了部分具有代表性的工程案例，部分案例照片如图1-18所示。

国内使用丙烯酸盐喷膜防水材料的代表性隧道及地下工程项目　　　　　表1-3

工程类型	年份	工程名称	备注
铁路隧道及设备洞室	1999	株六复线大竹林隧道(平导)	矿山法隧道
	2012	贵广高铁天平山隧道	矿山法隧道
	2014	三南铁路吴家湾隧道	矿山法隧道
	2021	汉巴南铁路设备洞室	矿山法隧道
公路隧道	2010	牟尼沟隧道	高寒地区隧道
	2013	雪山梁隧道(平导)	高寒地区隧道
市政道路隧道	2013	南京青奥轴线地下交通 B2-J1 节点	明挖法隧道
	2021	杭州富阳富春湾江南大道隧道	明挖法隧道
地铁	2015	贵阳地铁 1 号线雅(关)蛮(安)区间隧道	矿山法隧道
	2016	广州地铁 13 号线一期区间隧道	矿山法隧道
	2019	南宁地铁 5 号线金凯路站地下通道	明挖法隧道
城市综合管廊	2018	合肥高新区综合管廊一期	明挖法隧道
其他	2013	某地下油库洞库	矿山法洞室
	2014	深圳迭福 LNG 接收站 LNG 工艺隧道	矿山法隧道
	2015	阆中火车站地下通道	明挖法隧道

(a) 明挖法地下通道

(b) 矿山法铁路隧道

(c) 矿山法设备洞室

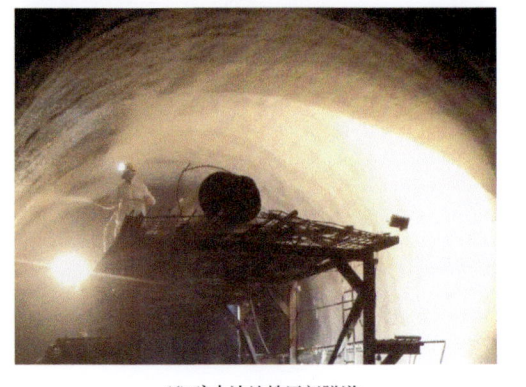

(d) 矿山法地铁区间隧道

图 1-18　国内隧道工程中丙烯酸盐喷膜防水材料应用案例

在近年的工程应用实践中，通过不断总结工程经验和成果，分别于 2011 年、2017 年编制并发布了两本专门的技术标准：《丙烯酸盐喷膜防水应用技术规程》CECS 342：2013、《铁路工程喷膜防水材料 第 1 部分：喷涂丙烯酸盐》Q/CR 517.1—2017，相关技术内容也陆续被《地下工程防水技术规范》GB 50108（修编中）、《隧道工程防水技术规范》CECS 370：2014、《四川省城市综合管廊工程技术规范》DBJ51/T 077—2017 等技术标准纳入其中，在很大程度上促进了丙烯酸盐喷膜防水材料在国内隧道及地下工程中的应用和推广。

1.3.3　隧道工程喷涂防水技术发展趋势

从目前国内隧道工程中应用的喷涂（膜）防水材料的案例效果来看，用于隧道工程喷涂防水的材料性能已经日趋成熟和稳定，随着该类材料在工程中不断的应用和推广，业界对相关技术的认识也将进一步的深入。同时，随着智能建造技术的不断进步，隧道工程喷涂防水技术也将不断结合行业的发展，在智能化喷涂设备方面得到进一步的提升。综合来看，该技术将朝着如下方向继续发展。

（1）其适用性将随着工程案例的增多而不断扩展，除了能满足隧道工程的防水要求外，也将逐步应用到相关地下工程乃至屋面、外墙、桥面、路基的防水中，并将取代传统的人工防水涂刷方式及卷材。

（2）对喷膜防水层在隧道衬砌中的效能会越来越引起关注，除了应满足良好的防水性能要求外，还会逐渐对其在隧道衬砌力学性能中的影响和作用展开相应的研究，并提出适用的衬砌结构计算、设计方法。

（3）专用的喷涂设备将不断发展和完善，并必将朝着车载、自动化和智能化喷涂的方向发展，大大提高施工效率和减少人力资源需求。

（4）相关的技术标准及指南将进一步得到完善，为该技术的应用提供指导和规范，更为合理地发挥该技术的特点和优势。

（5）由于该技术采用现场喷涂的方式形成防水层，对施工队伍的技术水平要求较高，专业化的防水队伍及相关培训体制将逐步成为常态，以更好地保证喷涂防水的施作质量。

第 2 章 ▶▶
喷涂防水材料技术原理及性能

隧道工程喷涂防水技术体系中，材料是基础。能否通过合理的技术路线，实现防水材料的现场喷涂并形成连续的防水层，保持在隧道工程环境下长期良好的工作性能，是隧道工程喷涂防水技术应用和推广的重要前提。本章基于喷涂速凝橡胶沥青防水材料和丙烯酸盐喷膜防水材料，对隧道工程喷涂防水材料的相关技术原理和性能指标进行介绍。

2.1 喷涂速凝橡胶沥青防水材料

喷涂速凝橡胶沥青防水材料被称为"液体橡胶"，是国内近年来发展起来的一种高弹性防水涂料，施工采取冷制冷喷技术，在工程现场采用专用设备直接喷涂成型，成膜后涂层完美包覆基底（结构），形成"皮肤式"防水层。

2.1.1 成膜原理

喷涂速凝橡胶沥青防水材料是一种双组分的喷涂防水材料，该涂料是由橡胶沥青乳液及促凝剂 A、B 两种组分组成的，通过化学反应生成膜状防水材料。其中：橡胶沥青乳液（A 组分）为主剂，由阴离子型的橡胶乳液和超细、悬浮、微乳型的改性阴离子乳化沥青配制而成，其中，橡胶乳液包含氯丁胶乳、丁苯胶乳或者羧基丁苯胶乳；促凝剂（B 组分）是由金属盐类等电解质配制成的浓度为 $3.0\% \sim 20.0\%$ 的水溶液。该材料是以高分子液体橡胶为连续相，以超细悬浮阴离子微乳型改性乳化沥青为分散相，以水为介质，经催化、交联、乳化等工艺，与特种固化物反应生成的高弹性防水防腐材料。

在常温下，喷涂速凝橡胶沥青防水材料 A、B 组分物料分别通过无气喷涂系统设备中的两个喷嘴喷出雾化，在喷枪口外扇形交叉，充分混合后，瞬间到达基面凝聚成膜。期间高速碰撞、混合、破乳、析水、固化凝聚成膜，形成致密、连续和完整、类似橡胶的涂膜，涂膜实干后即可形成以橡胶为连续相的无缝、致密、高弹性的涂膜防水层。图 2-1 为其成膜原理示意图，图 2-2 为其喷涂成膜的析水、固化过程。

2.1.2 防水机理

喷涂速凝橡胶沥青防水材料的防水机理是：多种高分子聚合物材料在超细沥青分子表层形成包裹膜，并由这些被高分子聚合物包裹后的分子形成连续网络，互相贯穿交联，使其呈现出高聚物性能。涂层干燥成膜后保持了橡胶类材料的高弹性、低温柔性、耐老化性，并具有抗穿刺力强、不窜水、耐温、抗冻、抗化学腐蚀、抗裂、冷施工、自熄阻燃、无毒无异味、无环境污染等优点。同时，这些高分子聚合物形成的胶膜，分子与分子之间的间隙宽度仅为几纳米，理论上单独一个水分子完全可以通过空隙，但是自然界的水一般

· 17 ·

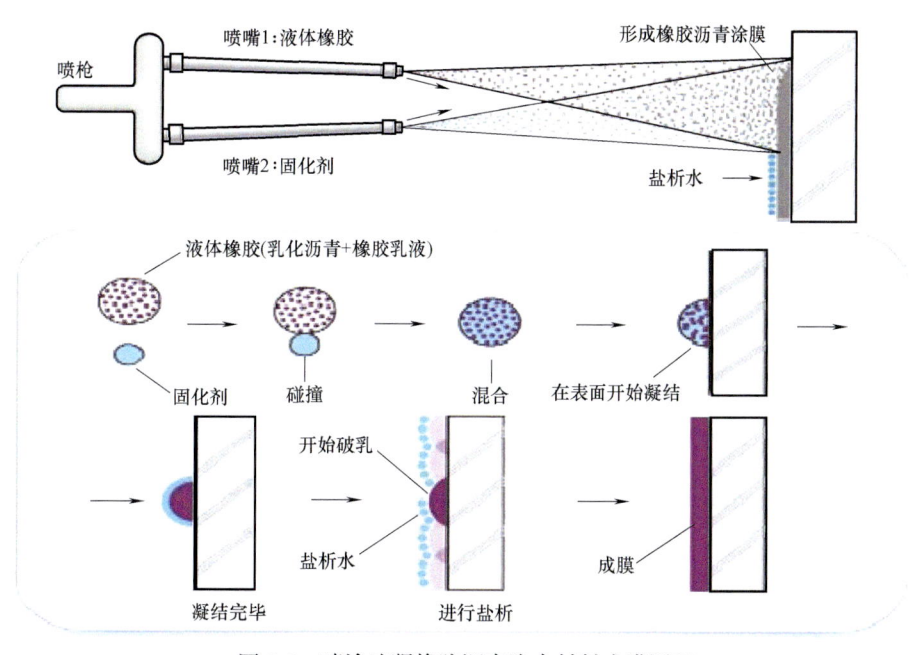

图 2-1　喷涂速凝橡胶沥青防水材料成膜原理

都处于缔合状态，许多个水分子之间通过氢键作用形成一个巨大的分子团，阻止了自然界中水分子团的透过，从而达到了防水防渗漏的效果。

该涂料采用专用设备喷涂施工，使双组分材料在喷枪口外扇形交叉，充分混合后，瞬间到达基面时破乳、固化，形成致密、连续、完整的类似橡胶的 2mm 厚涂膜（图 2-3），附着在基面上，实现"皮肤式"防水。其柔韧性、自愈复原性均异常突出，可解决因裂缝、穿刺或者接口等造成的隧道渗漏和窜水问题。

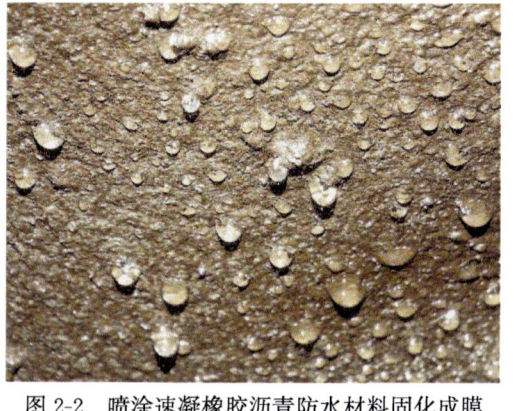

图 2-2　喷涂速凝橡胶沥青防水材料固化成膜

图 2-3　喷涂速凝橡胶沥青防水材料成膜效果

2.1.3　材料特性

与传统隧道防水材料相比，喷涂速凝橡胶沥青防水材料的特性主要表现为：抗穿刺及抗裂性；防水密贴性；耐高、低温性；耐化学性；抗老化性；环保性；施工便捷性等。

1. 超高弹性和复原性

喷涂速凝橡胶沥青防水材料的伸长率超过 1000％，恢复率达 90％以上，材料延伸率、

· 18 ·

抗穿刺能力远高于防水板（图2-4），对混凝土产生的温度收缩裂缝具有显著的防护效果。

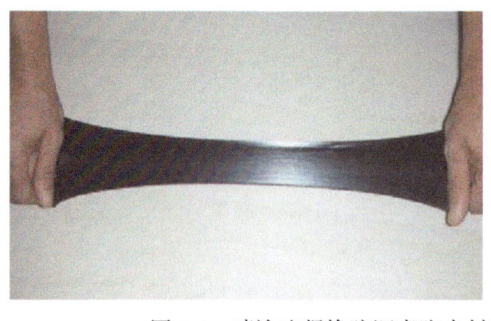

图 2-4 喷涂速凝橡胶沥青防水材料的高延伸率和高抗穿刺能力

2. 抗穿刺及抗裂性

喷涂速凝橡胶沥青防水涂膜具有自愈功能，能够有效解决因隧道结构变形、开裂、穿刺等因素产生的结构渗漏或钢筋锈蚀等病害问题。

3. 防水密贴性

喷涂速凝橡胶沥青防水材料固化后的防水涂层可完美包覆基面，对于异形结构或形状复杂的基层施工更加简便可靠，可实现涂层与基面之间的牢固粘接，从而达到卷材难以实现的不窜水、不剥离的特

图 2-5 喷涂速凝橡胶沥青防水材料良好的附着性能

性，形成"皮肤式"防水层。与混凝土、木材、金属和玻璃等各种材料介质粘结均不起层、不剥离、不脱落，具有良好的粘结效果和卓越的附着性（图2-5）。

4. 耐高、低温性

喷涂速凝橡胶沥青防水材料具有显著的耐高、低温性特点，涂膜低温柔度可达−50℃，适用于我国东北、西北等高寒地区的防水工程；耐高温可达160℃，适用于道桥、金属屋面等部位的防水工程。

5. 耐化学腐蚀性

喷涂速凝橡胶沥青防水材料具有优异的抗化学腐蚀性，耐酸、耐碱、耐盐，特别适用于化工行业、污水处理行业或者沿海地区等建筑防水、防腐工程。

6. 抗老化性

通过对喷涂速凝橡胶沥青防水材料开展的紫外线和人工气候加速老化5000h测试结果可知，该涂料的抗老化性能良好，使用年限可达到与建筑同寿命。

7. "预喷反粘"能力强

喷涂速凝橡胶沥青防水材料与后浇筑混凝土的剥离强度≥3.0N/mm，不会因粘结强度太低形成窜水。该"反粘"性能为喷涂速凝橡胶沥青防水材料特有性能，与自粘防水卷材相比，该材料使自身与后浇筑混凝土粘结良好。而自粘防水卷材是通过在卷材上涂敷一层胶来实现与后浇混凝土的粘结。

8. 环保性

传统防水板在施工过程中不可避免地须使用热熔焊接，产生有害气体，容易造成一定

· 19 ·

程度的环境污染，危害施工人员的身体健康，且易出现焊洞造成漏水。而喷涂速凝橡胶沥青防水材料作为新一代节能环保材料，在生产、施工和使用过程中，均不使用有机溶剂，冷制冷喷，无毒无味，无废气排放，无污染。整个施工过程中，无须加热，常温施工，无明火，保证了施工的安全性和可靠性，适应隧道建筑材料与施工节能减排、环保生态的新要求。

9. 施工便捷性

喷涂速凝橡胶沥青防水材料的施作方式灵活多样，可以采用喷涂、刷涂和刮涂等多种施工方式，灵活简便，可以满足各种环境如落水口、阴阳角、施工缝、结构裂缝等复杂部位防水作业的特殊要求。可以在潮湿、无明水的基面施工，便于应用在铁路、公路、地铁、水利等施工条件较恶劣的工程领域。施工效率高，喷涂后瞬间成型，方便及时进行下道工序；采用专业喷涂机械施工，一台喷涂设备可连接多个喷枪，可大大节约施工成本和劳动力，大幅度缩短施工工期，日施工能力超过 $1500m^2$。

表 2-1 是喷涂速凝橡胶沥青防水材料与目前隧道及地下工程中常见的防水材料综合对比情况。由对比结果可知，喷涂速凝橡胶沥青防水材料具有其他传统防水材料所不具备的优异性能。

隧道及地下工程常见防水材料对比　　　　　　　　表 2-1

分类	项目	喷涂速凝沥青橡胶	SBS 改性沥青防水卷材	自粘防水卷材	聚氨酯防水涂料	(EVA/PVC)防水板
材料	拉伸性	断裂伸长率≥1000%	断裂伸长率≥40%	断裂伸长率≥400%	断裂伸长率≥450%	断裂伸长率≥200%
	耐候性	8000h	720h	1600h	1000h	1500h
	粘结性	与混凝土粘结强度≥0.6MPa	借非固化与基层粘接或冷底油不粘结	无粘结	自身粘结潮湿基面粘结强度≥0.5MPa	无粘结
	与后浇混凝土粘结强度	3.1N/mm	无粘结	借助自粘胶层（自粘胶层易失效）1.5N/mm	无粘结	无粘结
	环保	水性环保	热熔施工产生有害气体	环保	含易挥发有害物质	环保
施工	搭接	防水层完整无缝	有接缝易开裂	有接缝易开裂	整体无缝	有接缝易开裂
	工艺	常温施工	热熔施工(存在消防隐患)	常温施工	常温施工	常温施工
	工序	基层处理→附加层施工→大面喷涂	基层处理→附加层施工→铺贴卷材→卷材搭接→搭接缝排气压实	基层处理→附加层施工→铺贴自粘卷材→卷材搭接→搭接缝排气压实	基层处理→细部处理→刮涂第一遍→刮涂第二遍→刮涂第三遍	基面处理→铺设无纺布缓冲层→预铺防水板→搭接缝焊接→固定收口→密封条密封接缝
		处理简单，喷涂施工，不流挂，一次可喷涂至设计厚度	处理复杂，多道工序，需裁剪搭接	处理复杂，多道工序，需裁剪搭接	多遍刮涂，需表干后方可再刮涂	焊接工艺复杂易开裂
	效率	500～600m²/人/8h	30～50m²/人/8h	30～50m²/人/8h	80～100m²/人/8h	30～50m²/人/8h
综合效益	综合效益	综合施工效率高、维修成本低（基本无维修），性价比高	综合施工效率低、维修成本高，性价比低	综合施工效率低、维修成本高，性价比低	综合施工效率低、维修成本高，性价比低	综合施工效率低、维修成本高，性价比低

· 20 ·

第2章 喷涂防水材料技术原理及性能

2.1.4 材料性能

根据中国铁路总公司企业标准《铁路工程喷膜防水材料 第2部分：喷涂橡胶沥青》Q/CR 517.2—2016中的要求，隧道专用型喷涂速凝橡胶沥青防水材料的物理力学性能见表2-2。

隧道专用型喷涂速凝橡胶沥青防水材料物理力学性能　　　　表2-2

序号	项目		技术要求	
			LR T-Ⅰ	LR T-Ⅱ
1	固体含量(A组分)		55%～75%	
2	凝胶时间(s)		≤5	
3	实干时间(h)		≤24	
4	耐热度(120±2℃)		无流淌、无滑动、无滴落	
5	不透水性(0.4MPa,2h)		无渗水	
6	钉杆自愈性		无渗漏	
7	粘结强度(MPa)	干燥基面	≥0.4	—
		潮湿基面	≥0.4	—
8	低温柔性	无处理	−15℃无裂纹、无断裂	−20℃无裂纹、无断裂
		碱处理	−10℃无裂纹、无断裂	−15℃无裂纹、无断裂
		酸处理		
		盐处理		
		热处理		
		紫外线处理		
9	拉伸性能	拉伸强度(MPa)	≥0.5	
		断裂伸长率 无处理	≥1000%	
		碱处理	≥800%	
		酸处理		
		盐处理		
		热处理		
		紫外线处理		
10	冲击性能			无渗漏
11	防窜水性(0.6MPa)		—	不窜水
12	与后浇混凝土剥离强度(N/mm)	无处理	—	≥2.0
		水泥粉污染表面	—	≥1.5
		泥砂污染表面	—	≥1.5
		紫外线老化	—	≥1.5
		热老化	—	≥1.5
13	与后浇混凝土浸水后剥离强度(N/mm)		—	≥1.5

注：LR T-Ⅰ型一般用于明挖隧道；LR T-Ⅱ型一般用于暗挖隧道。

· 21 ·

隧道喷涂防水技术及工程实践

2.2　丙烯酸盐喷膜防水材料

早在 20 世纪 40 年代，美国海军在军事工程上就使用丙烯酸盐类材料来加固地基，以后世界各国也开始用丙烯酸盐作为灌浆材料，主要是用作堵漏剂、软弱地层稳定剂、土壤团粒化剂、接缝密封剂和水泥混合剂等。在 20 世纪 80 年代前后，丙烯酸盐被开发为喷涂成型的防水材料，其良好的抗渗性能、延伸性能在隧道及地下工程中取得了良好的防水效果。

2.2.1　成膜原理

丙烯酸盐喷膜防水材料的原材料主要成分是丙烯酸盐溶液，是基于金属氧化物和丙烯酸中和反应而生成的不饱和羧酸的金属盐，之后根据防水对象的工程特点和环境条件，添加不同填料进行改性调整后形成的水性防水材料。这类聚合物主要有以下特点：

（1）不饱和羧酸的金属盐均为水溶性单体，此类不饱和羧酸的金属盐不使用有机溶剂作为溶剂，不产生对人体及空气有毒害及污染的物质。

（2）不饱和羧酸盐类单体的水溶液与适当的催化剂作用后，便引起聚合反应，生成各种聚羧酸盐。二价以上的金属盐类形成的聚合物是不溶性的，而且不饱和羧酸的金属盐由于其分子中有如式（2-1）所示的盐键接点结构，因此，经引发剂引发后，在形成大分子的同时，也会因盐键接点结构在较短时间内聚合而形成类似于橡胶中硫化交联的网状结构体，使聚合物具有橡胶的高弹体性质，而且不溶于水。

$$R_2C=CH-\overset{\overset{\displaystyle O}{\|}}{C}-O-M-O-\overset{\overset{\displaystyle O}{\|}}{C}-CH=CR_2 \qquad (2-1)$$

（3）不饱和羧酸的金属盐溶液在聚合前为较低黏度的稳定液体，便于输送和喷射成膜，一旦发生聚合反应，可在较短的时间内形成一定强度的弹性防水膜。

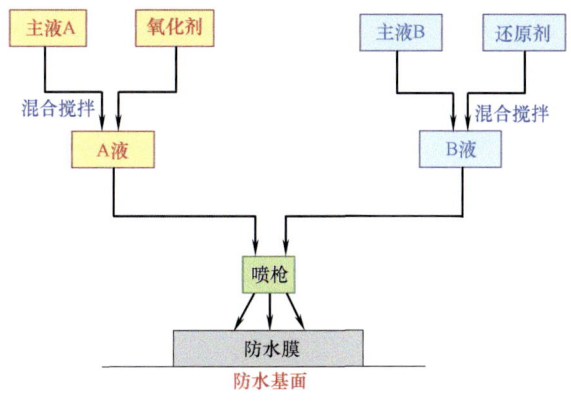

应用于工程喷涂时，丙烯酸盐喷膜防水材料在专用的喷膜设施设备上，通过计量、搅拌、混合等一系列物理及化学过程，以 A、B 双组分主液的方式通过专用喷枪高速旋转喷出，不同粒子在喷射途中碰撞，在引发剂体系的作用下发生自由基聚合反应，在接触基面表层形成具有密闭性能的弹性防水膜。丙烯酸盐喷膜防水材料的成膜方法如图 2-6 所示，其成膜过程及效果如图 2-7 所示。

图 2-6　丙烯酸盐喷膜防水材料成膜方法

2.2.2　防水机理

丙烯酸盐喷膜防水材料的基本防水机理与喷涂速凝橡胶沥青防水材料类似，当其聚合成膜以后，即可以形成如式（2-2）所示的弹性高分子聚合物的连续网络，相互贯穿交联，从宏观上呈现防水性能。

· 22 ·

第2章　喷涂防水材料技术原理及性能

(a) 材料配制

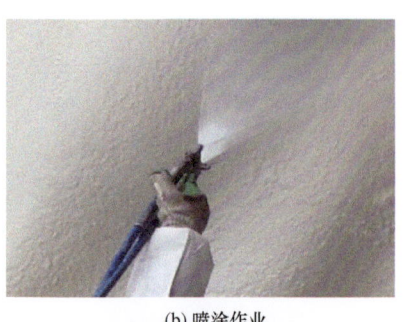

(b) 喷涂作业

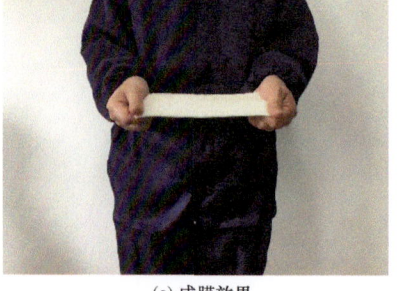

(c) 成膜效果

(d) 效果检验

图 2-7　丙烯酸盐喷膜防水材料喷涂成膜

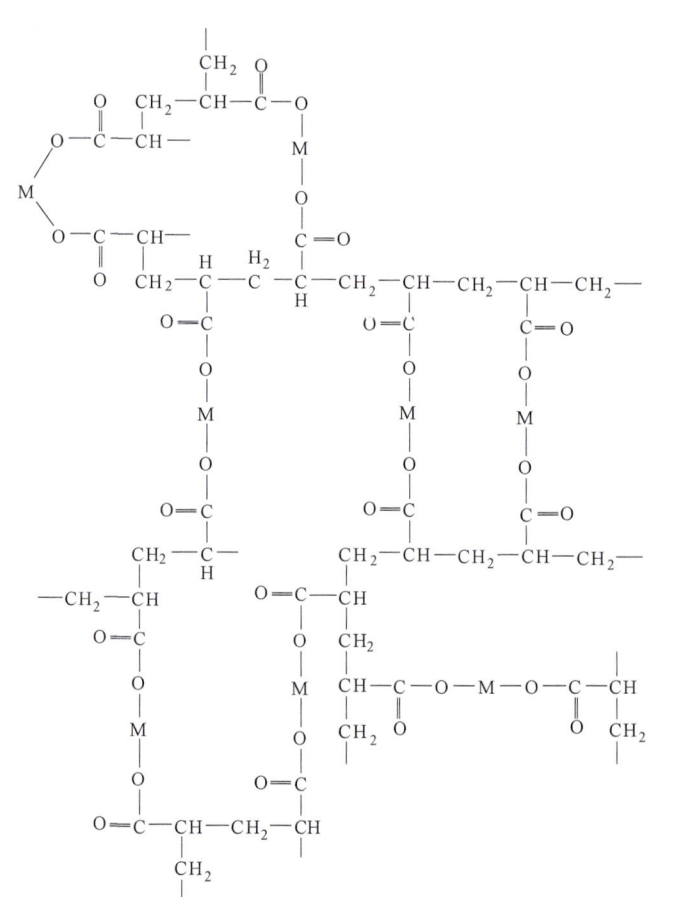

(2-2)

但是与喷涂速凝橡胶沥青防水材料不同的是，丙烯酸盐聚合物具有遇水膨胀的性能。经过实际测算，其吸水后的体积膨胀率超过了200%（图2-8），并且在吸水后其柔韧性能得到很大的提升，断裂伸长率可以达到500%左右。丙烯酸盐这一特性在地下工程中是具有较大的优势的，当丙烯酸盐喷膜防水层设置在初期支护与二次衬砌之间且形成紧密的接触时，一旦遇到地下水即可以发生体积膨胀，将初期支护与二次衬砌之间的少量空隙及渗水通道进行堵塞和封闭，从而提高防水效果。

(a) 试样浸泡　　　　　　　　(b) 尺寸量测　　　　　　　　(c) 柔性效果

图 2-8　丙烯酸盐喷膜防水材料的吸水膨胀特性

当丙烯酸盐喷膜防水层被置于合适的部位时，与结构所形成的联合抗渗能力还能得到加强。西南交通大学课题组基于"喷膜防水层＋混凝土"复合型试件的抗渗试验（图2-9），对丙烯酸盐喷膜防水层在地下结构中不同施作部位处的防水性能进行考察，抗渗试验结果见表2-3。通过对丙烯酸盐喷膜防水层复合型试件的对比抗渗试验，说明其最佳防水性能跟其施作的位置密切相关，并将会对结构的整体抗渗性能、混凝土自身的力学性能造成很大的影响。因此，恰当的喷膜位置及支撑条件（迎水面、有支撑），将会使喷膜防水层的防水效能发挥到理想的程度。

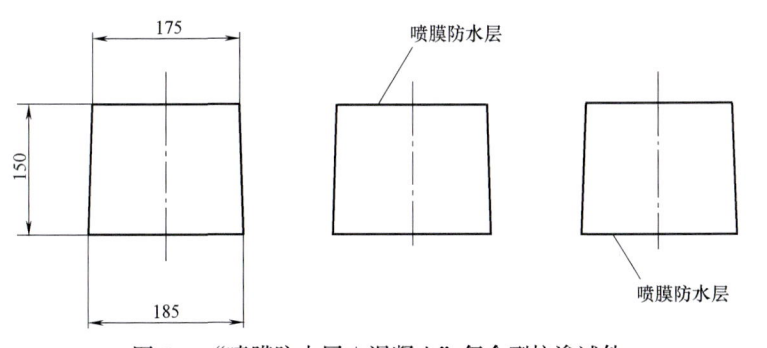

图 2-9　"喷膜防水层＋混凝土"复合型抗渗试件

复合型试件抗渗试验结果　　　　　　　　　　　　　　　　　　　表 2-3

编号	试件类型	喷膜防水层厚度(mm)	试验终止水压(MPa)	抗渗等级
1	纯混凝土	3	1.2	P11
2	混凝土＋顶部防水层	3	1.2	P11
3	混凝土＋底部防水层	3	2.4	P23

2.2.3　材料特性

与传统的高分子防水板相比，丙烯酸盐喷膜防水材料的特性和优势主要体现为：质量稳定、无接头、基面适应性好、耐久性优越、成膜速度快、整体性好、耐火阻燃、环保性好、具有自愈能力等方面。其中一些特性与喷涂速凝橡胶沥青防水材料类似，此处仅针对其主要的特性进行介绍。

1. 环保性好

丙烯酸盐防水喷涂料是以水作为溶剂，无有害气体挥发，对环境、人体无害，特别适用于通风不良的施工环境。按照《建筑防水涂料中有害物质限量》JC 1066—2008 的要求，对其有害物质限量进行检测，丙烯酸盐喷膜防水材料为 A 级，可以在通风不良的封闭环境内施工。

2. 成膜速度快

丙烯酸盐溶液中参与反应的物质含有不饱和价键的单体，在特定条件下，用引发剂引发聚合反应，其聚合反应可在几秒至十几秒内完成，形成一定强度的防水膜，此反应能在 $-5 \sim 50℃$ 的温度范围内进行。瞬间形成的聚合物为弹性凝胶体，对混凝土、岩石均具有较好的粘结力。

3. 基面适应性好

由于采用喷涂的方式成膜，可以很好地适应基面的形状，实现连续有效的覆盖。此外，丙烯酸盐喷膜防水材料对基面渗水的情况要求比其他喷涂防水材料低，通常在基面潮湿（无明水）的条件下，也可以实现喷涂成膜，并与混凝土基面实现良好的粘结效果（图2-10）。

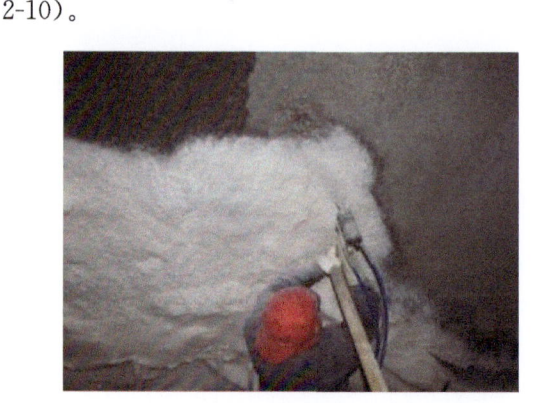

(a) 混凝土基面喷膜　　　　　　　　　　(b) 与混凝土基面的粘结效果

图 2-10　丙烯酸盐喷膜防水材料的基面适应性

4. 自愈特性

丙烯酸盐聚合物是一种凝胶体成膜材料，含有大量的亲水性基团和活性基团，当防水层产生微小裂纹时，遇水后能够激活基团之间的反应，较短时间内防水层的细微损伤会自动愈合（图2-11）。基于此特性，在施工现场进行丙烯酸盐喷膜防水层厚度的检验时，可以采用较为方便的针刺法进行，对防水膜的完整性没有影响。

5. 耐火阻燃特性

丙烯酸盐聚合物的另一个有利特性是其耐火阻燃特性，可避免二次衬砌的钢筋焊接过程中对其造成损坏，以及防止防水材料起火。依据《建筑材料及制品燃烧性能分级》GB 8624—2012，对丙烯酸盐喷膜防水材料样品进行测试，其烧热性能等级为 B_1 级（难燃），对于防止施工中钢筋焊接作业的破坏具有良好的效果（图2-12）。

· 25 ·

隧道喷涂防水技术及工程实践

(a) 试样浸泡　　　　　　　　　　　　　　(b) 浸泡24h

图 2-11　丙烯酸盐喷膜防水材料自愈特性

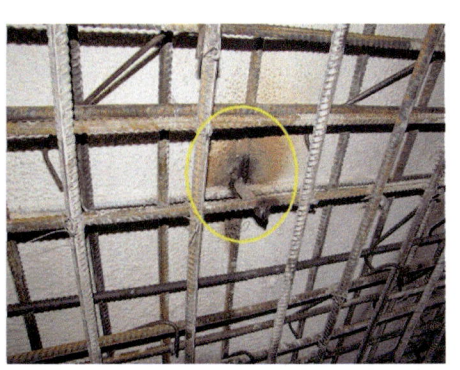

试验后的长翼　　　试验后的短翼　　　　　　　(b) 施工中耐火阻燃效果

(a) 耐火性能试验

图 2-12　丙烯酸盐喷膜防水材料耐火阻燃特性

　　将丙烯酸盐喷膜防水材料与目前世界各国一些有代表性的隧道喷膜防水产品的主要性能参数进行了对比，见表 2-4。由比较结果可知，各隧道喷膜防水产品所采用的原料成分不尽相同，在性能指标、使用特性上存在一定差异，这在一定程度上表明目前隧道工程喷膜防水技术在发展过程中已出现了材料多样化的特点及趋势，工程中可供选择的材料种类逐渐增多。

主要喷膜防水产品技术及性能参数比较　　　　　　　　　　　　表 2-4

项目	Masterseal®345	Integritank®	株式会社鸿池组	西南交通大学
国家	瑞士	英国	日本	中国
成膜材料成分	EVA 与水泥粉	甲基丙烯酸甲酯	丙烯酸盐	丙烯酸盐
喷射方式	混凝土喷射机喷涂	无气喷涂	空气辅助/无气喷涂	空气辅助/无气喷涂
施工方式	人工或自动	人工	人工或自动	人工
施工速度(m²/h)	自动:100;人工:50	约 80	—	60～100
基面平整度要求	应较平整	应较平整	应较平整	应较平整
基面湿润程度	预先湿润	干燥	无明水	无明水
聚合时间	4～6h	约 1h	约 2～5s	约 2～5s

· 26 ·

续表

项目	Masterseal®345	Integritank®	株式会社鸿池组	西南交通大学
喷膜厚度(mm)	3～10	2.6	约 3	约 3
施工温度(℃)	5～40	5～40	—	−20～45
抗拉强度(MPa)	1.5～3.5	8.6	1.11	2.38
断裂伸长率(%)	＞100	117	510	514
与混凝土基面的粘结强度(MPa)	1.2±0.2(7d)	0.62	—	1.2

注:"—"表示无相关数据。

2.2.4 材料性能

根据中国铁路总公司企业标准《铁路工程喷膜防水材料 第1部分:喷涂丙烯酸盐》Q/CR 517.1—2017 中的要求,成型后的丙烯酸盐喷膜防水层的性能指标见表 2-5。

丙烯酸盐喷膜防水层性能指标 表 2-5

序号	项目		要求
1	不透水性(0.4 MPa,120min)		不透水
2	粘结强度(MPa)	干燥基面	≥0.4
		潮湿基面	≥0.5
3	拉伸强度(MPa)	无处理	≥1.2
		碱处理	≥0.4
		盐处理	≥0.4
4	断裂伸长率	无处理	≥250%
		碱处理	≥400%
		盐处理	≥400%
5	撕裂强度(kN/m)		≥5.0
6	低温柔性		−20℃,无裂纹、断裂
7	硬度(邵 AM)(度)		≥60
8	耐冲击性(kg·m)		≥1.0
9	燃烧性能等级		B_1

2.3 喷涂防水材料性能检验方法

综合以上两类隧道工程喷涂(膜)防水材料的性能要求,并根据《铁路工程喷膜防水材料 第1部分:喷涂丙烯酸盐》Q/CR 517.1—2017 和《铁路工程喷膜防水材料 第2部分:喷涂橡胶沥青》Q/CR 517.2—2016 中的要求,对其主要性能指标的检验方法进行总结。

2.3.1 试件规格及数量

隧道工程喷涂(膜)防水材料的性能检验,应在《建筑防水涂料试验方法》GB/T

16777—2008 规定的标准试验条件下进行，主要试验项目的试件规格及数量应满足表 2-6 的要求。

试件规格及数量 表 2-6

序号	项目		试件尺寸或形状(mm)	数量(个)
1	耐热度		100×50	3
2	不透水性		150×150	3
3	粘结强度		70×70	10
4	钉杆自愈性		300×300	2
5	低温柔性	无处理	100×25	3
		碱处理		3
		酸处理		3
		盐处理		3
		热处理		3
		紫外线处理		3
6	拉伸性能	无处理	符合《硫化橡胶或热塑性橡胶 拉伸应力应变性能的测定》GB/T 528—2009 规定的哑铃Ⅰ型	5
		碱处理	先裁成 120×30 试件进行处理,然后采用符合《硫化橡胶或热塑性橡胶 拉伸应力应变性能的测定》GB/T 528—2009 规定的哑铃Ⅰ型	5
		酸处理		5
		盐处理		5
		热处理		5
		紫外线处理		5
7	撕裂强度		符合《硫化橡胶或热塑性橡胶撕裂强度的测定(裤形、直角形和新月形试样)》GB/T 529—2008 规定的无割口直角形	5
8	冲击性能		300×300	5
9	防窜水性		ϕ180	3
10	与后浇混凝土剥离强度	无处理	300×50	5
		水泥粉污染表面	300×50	5
		泥砂污染表面	300×50	5
		紫外线老化	处理前 300×300 处理后截取 300×50	处理时 1 处理后 5
		热老化	处理前 300×300 处理后截取 300×50	处理时 1 处理后 5
11	与后浇混凝土浸水后剥离强度		300×50	5

2.3.2 试验检验方法

1. 固体含量

将 A 组分试样搅匀后，取 6±1g 的试样倒入已干燥称量的培养皿（m_0）中并铺平底部刮平，立即称量（m_1）；再放入加热到规定温度的烘箱中，恒温 3h；取出放入干燥器中，在标准试验条件下冷却 2h，然后称量（m_2）。

固体含量按式（2-3）计算：

$$X = (m_2 - m_0)/(m_1 - m_0) \times 100 \qquad (2\text{-}3)$$

式中：X——固体含量（质量分数），%；

m_0——培养皿质量，g；

m_1——干燥前试样和培养皿质量，g；

m_2——干燥后试样和培养皿质量，g。

试验结果取两次平行试验的算术平均值，计算结果精确到 1%。

2. 凝胶时间

在标准试验条件下，按生产厂家提供的配比称取总质量约为 6g 试样，快速混合均匀，记录从混合到试样不流动的时间，即为凝胶时间。

3. 表干时间、实干时间

取表面已用溶剂清洁干净的铝板，按生产厂家要求的配比将试样喷涂在铝板上，喷涂面积为 100mm×50mm，记录喷涂时间。

静置一段时间后，用无水乙醇擦净手指，在距试件边缘不小于 10mm 范围内用手指轻触涂膜表面，若无涂料粘附在手指上即为表干，记录时间，试验开始到结束的时间即为表干时间。

静置一段时间后，用刀片在距试件边缘不小于 10mm 范围内切割涂膜，若底层及膜内均无粘附手指现象则为实干，记录时间，试验开始到结束的时间即为实干时间。

4. 耐热度

将 A 组分搅匀后，分 3～5 次涂覆（每次间隔 4～8h）在表面干净的铝板上，涂覆面积为 100mm×50mm，总厚度为 1.5±0.2mm，最后一次将表面刮平。在标准试验条件下养护 120h，然后在 40±2℃的电热鼓风干燥箱中养护 48h。取出试件，将铝板垂直悬挂在已调节到规定温度的电热鼓风干燥箱内，试件与干燥箱壁间的距离不小于 50mm，试件中心宜与温度计的探头在同一位置，在表 2-2 中规定的温度下放置 5h 后取出，目测观察表面现象。

5. 不透水性

裁取三个约 150mm×150mm 的试件，在标准试验条件下放置 2h。在装置中充水直到满出，彻底排出装置中空气。将试件放置在不透水仪的透水盘上，再在试件上加一相同尺寸的金属网（孔径为 0.2mm），盖上 7 孔圆盘，慢慢夹紧直到试件紧固在盘上，用布或压缩空气干燥试件的非迎水面，慢慢加压到规定的压力。达到规定压力后，保持压力 30±2min。试验过程中应观察试件的透水情况（水压突然下降或试件的非迎水面有水）。试验结束时，所有试件在规定时间内无透水现象为通过。

6. 钉杆自愈性

裁取试件，在标准试验条件下，将试件轻放在厚度不小于 10mm、与试件同样大小的胶合板上叠合。将两颗长 30±4mm、直径 1.8～2.0mm 的无翼镀锌钉从涂膜表面的中心位置钉入胶合板，两颗钉子之间相距 25～50mm。当钉帽与涂膜表面平齐后拔出钉子。共制备两块试件。

将一直径 150～250mm、高度不小于 150mm 的圆管居中放在水平放置的试件表面，并用密封胶密封在涂膜上，在标准试验条件下养护 24h。将养护好的试件放在直径与圆管相近的罐子上，然后向圆管中加蒸馏水，水位高度为 130±3mm，再将其移入 4±2℃ 的冰箱中，放置 3d。

观察罐子中、胶合板底部有无水迹。倒掉圆管中的水并拭干，揭下试件，目测观察试件背面有无水迹，无水迹即认为无渗水。

7. 粘结强度

（1）干燥基面试验方法

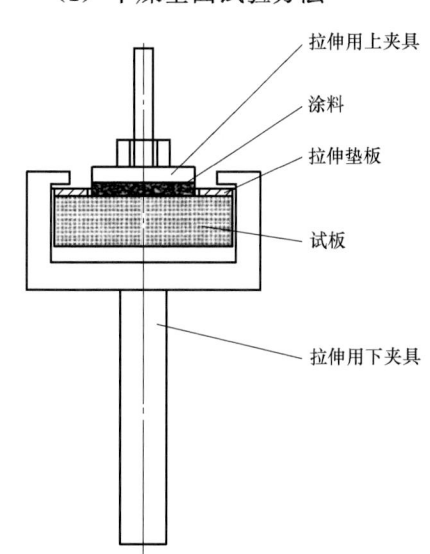

图 2-13　试件与夹具装配图

制备好水泥砂浆试块，养护结束后去除砂浆试块成型面的浮浆、浮砂、灰尘等，将涂料喷涂或涂抹至水泥砂浆试块成型面。养护后的试件用高强度胶粘剂将拉伸用上夹具与涂料面粘贴在一起，之后水平放置养护 24h，然后沿上夹具边缘一圈用刀切割涂膜至基层，使试验面积为 40mm×40mm。将粘有拉伸用上夹具的试件（图 2-13）安装在试验机上，保持试件表面垂直方向的中线与试验机夹具中心在一条直线上，以 5±1mm/min 的速度拉伸至试件破坏，记录试件的最大拉力。

（2）潮湿基面试验方法

将制备好的砂浆块完全浸没在水中 24h，取出后用湿毛巾擦干表面的明水，然后按干燥基面的试验方法进行试验。

（3）结果计算

粘结强度按式（2-4）计算：

$$\sigma = F/(a \times b) \tag{2-4}$$

式中：σ——粘结强度，MPa；

F——试件的最大拉力，N；

a——试件粘结面的长度，mm；

b——试件粘结面的宽度，mm。

8. 低温柔性

（1）无处理

裁取 3 个试件进行试验，将试件和弯板或圆棒（直径 10mm）放入已调节到规定温度的低温冰柜的冷冻液中，温度计探头应与试件在同一水平位置，在规定温度下保持 1h，然后在冷冻液中将 3 个试件绕圆棒或弯板在 3s 内弯曲 180°（无上、下表面区分），立即取出试件后用肉眼观察试件表面有无裂纹、断裂。

（2）碱处理

在 0.1% 的化学纯 NaOH 溶液中，加入 Ca(OH)$_2$ 试剂，并达到过饱和状态。在 400mL 该溶液中放入裁取的 3 个试件，液面应高出试件表面 10mm 以上，连续浸泡 168±1h 取出，充分用水冲洗、擦干，在标准试验条件下放置 4h 后按"无处理"试验方法进行试验。

（3）酸处理

在 400mL 的 2％化学纯 H_2SO_4 溶液中，放入裁取的 3 个试件，液面应高出试件表面 10mm 以上，连续浸泡 168±1h 取出，充分用水冲洗、擦干，在标准试验条件下放置 4h，再按"无处理"试验方法进行试验。

（4）盐处理

将裁取的 3 个试件，浸入 23±2℃的 10％的氯化钠溶液中，每 400mL 溶液放入 3 个试件，液面高出试件表面 10mm 以上。连续浸泡 168h 后取出试件，用水冲洗，吸干水后在标准试验条件下放置 4h，再按"无处理"试验方法进行试验。

（5）热处理

将裁取的 3 个试件平放在隔离材料上，水平放入已达到规定温度的电热鼓风烘箱中，加热温度为 70±2℃。试件与箱壁间距不得小于 50mm，试件宜与温度计的探头在同一水平位置，在规定温度的电热鼓风烘箱中恒温 168±1h 后取出，然后在标准试验条件下放置 4h，再按"无处理"方法进行试验。

（6）紫外线处理

将裁取的 3 个试件平放在釉面砖上，为了防粘，可在釉面砖表面撒滑石粉。将试件放入紫外线箱中，距试件表面 50mm 左右的空间温度为 45±2℃，恒温照射 240h。取出后在标准试验条件下放置 4h，再按"无处理"试验方法进行试验。

9. 拉伸性能

（1）无处理

裁取试件，按照《硫化橡胶或热塑性橡胶 拉伸应力应变性能的测定》GB/T 528—2009 进行检验，夹具间距约 50mm，以 500±50mm/min 的速度拉伸试件至断裂。如果试件在狭窄部分以外断裂则舍弃该试件，并补充试件以保证 5 个有效数据。试验时，对于试件伸长率拉伸至终点仍未断裂的，重新裁取符合现行国家标准 GB/T 528—2009 规定的Ⅱ型试件，并按该标准的规定进行检验，夹具间距离约为 40mm，标线间距离约为 20mm，以 500±50mm/min 的速度拉伸试件至断裂，记录最大拉力和断裂时的试验长度。

拉伸强度按式（2-5）计算，断裂伸长率按式（2-6）计算。试验结果为各取 5 个试件的算术平均值，拉伸强度结果计算精确到 0.01MPa，断裂伸长率结果计算精确到 1％。

$$T_L = P/(B \times D) \tag{2-5}$$
$$E = (L_b - L_0) \times 100 \tag{2-6}$$

式中：T_L——拉伸强度，MPa；

  P——记录的最大拉力，N；

  B——试件中间部位宽度，mm；

  D——试件厚度，mm；

  E——断裂伸长率，％；

  L_0——试件起始标线间距离，mm；

  L_b——试件断裂时标线间距离，mm。

（2）碱处理

将试件按低温柔性试验中的碱处理方法处理，然后裁取哑铃Ⅰ型试件，按"拉伸性能"中"无处理"的方法进行检验。

（3）酸处理

将试件按低温柔性试验中的酸处理方法处理，然后裁取哑铃Ⅰ型试件，按"拉伸性能"中"无处理"的方法进行检验。

（4）盐处理

将试件按低温柔性试验中的盐处理方法处理，然后裁取哑铃Ⅰ型试件，按"拉伸性能"中"无处理"的方法进行检验。

（5）紫外线处理

将试件按低温柔性试验中的紫外线处理方法处理，然后裁取哑铃Ⅰ型试件，按"拉伸性能"中"无处理"的方法进行检验。

10. 撕裂强度

裁取符合《硫化橡胶或热塑性橡胶撕裂强度的测定（裤形、直角形和新月形试样）》GB/T 529—2008 要求的无割口直角撕裂试件，用厚度计测量试件直角撕裂区域三点的厚度，取其算术平均值作为试件厚度。将试件夹在试验机上，保持试件长度方向的中线与试验机夹具中心在一条直线上，按 $500\pm50\mathrm{mm/min}$ 的速度进行拉伸至试件断裂，并记录试件断裂时的最大荷载。

试件的撕裂强度按式（2-7）计算：

$$T_s = P/d \tag{2-7}$$

式中：T_s——撕裂强度，kN/m；

　　　P——记录的最大拉力，N；

　　　d——试件厚度，mm。

试验结果取 5 个试件的算术平均值，结果精确到 0.1kN/m。

11. 抗冲击性能

采用喷涂设备将涂料喷涂至厚度为 $0.5\pm0.1\mathrm{mm}$ 的 HDPE 片材上进行制样，喷涂完成后将涂膜面朝上放置，并在标准试验条件下养护 120h，再在 $40\pm2℃$ 的电热鼓风干燥箱中养护 48h，取出后在标准试验条件下养护 4h。

将试件胶层面朝上平放在尺寸约为 $300\mathrm{mm}\times300\mathrm{mm}\times3\mathrm{mm}$ 的铝板上，并一起放在嵌有光滑不锈钢支撑板（尺寸约为 $300\mathrm{mm}\times300\mathrm{mm}\times3\mathrm{mm}$）的混凝土块（尺寸约为 $400\mathrm{mm}\times400\mathrm{mm}\times50\mathrm{mm}$）上进行试验（图 2-14）。

落锤（包括穿刺工具）的质量共为 $500\pm1\mathrm{g}$，落差高度（从落锤的底面至卷材的上表面所测的距离）为 $1000\pm5\mathrm{mm}$。使落锤自由下落，撞击位于试件表面的冲头，然后将试件去除，检查试件是否穿孔。无明显穿孔时，对试件进行水密性试验，所有试件无穿孔渗漏为通过。

12. 防窜水性

在试件中间开一直径 10mm 的孔，然后放入砂浆抗渗性模具直径较大的一端，试件比抗渗仪的密封圈应大出一圈，以便试件膜面与抗渗仪的密封圈间能紧紧密封。采取措施避免砂浆塞入试件开出的孔中，然后将砂浆浇筑在试件的粘结面上，在混凝土振动台上振实 20s，振动过程中试件的粘结面应朝向砂浆（图 2-15）。

第2章 喷涂防水材料技术原理及性能

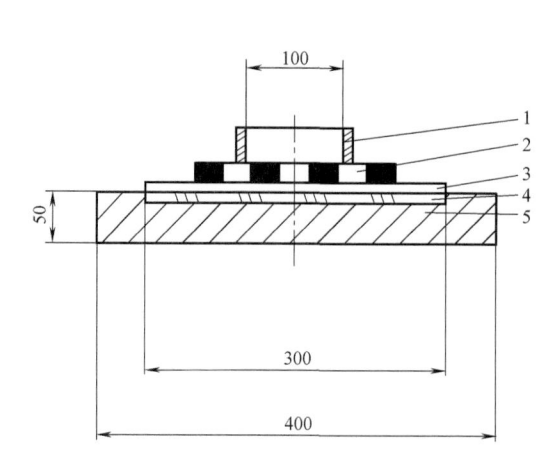

图 2-14 抗冲击性能支撑装置示意图（单位：mm）
1—压环；2—试件；3—铝板；
4—嵌入混凝土块上表面的不锈钢板；
5—混凝土块

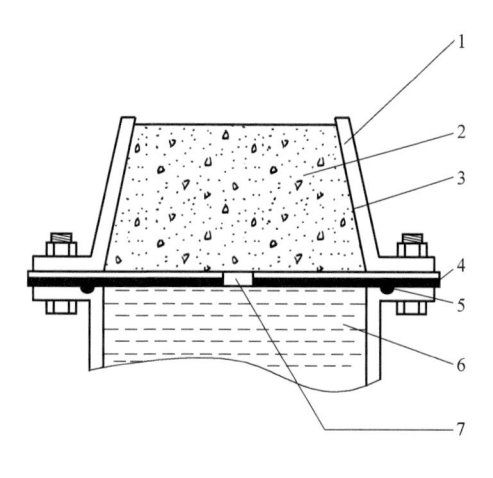

图 2-15 抗窜水性试验装置
1—抗渗模具；2—砂浆；3—模具与砂浆
界面（未密封）；4—卷材（粘结面朝上）；
5—密封垫圈；6—水；7—试件开孔

清出试件中间的孔，将抗渗性试件装入砂浆抗渗仪，试件膜面迎水，抗渗试件的周围锥面一圈不采取密封措施，保持与外界畅通。加压到 0.4MPa，保持 24h，以后每加压 0.1MPa，保持 4h，直至砂浆试块周边表面有渗水水迹，或达到规定的试验压力不渗水。

达到规定压力并保持一定时间后，3 个试件中至少有 2 个试件的砂浆表面无渗水水迹，压力保持不下降即为不窜水，用试件中间开孔边到试件表面抗渗砂浆块边缘的距离（约 35mm），所承受的规定压力作为抗窜水性水力梯度，单位为 MPa/35mm。

13. 与后浇混凝土的剥离强度

（1）无处理

采用喷涂设备将涂料喷涂至厚度为 0.5±0.1mm 的 HDPE 片材上进行膜片制样，喷涂完成后将涂膜面朝上放置，并在标准试验条件下养护 120h，再在 40±2℃的电热鼓风干燥箱中养护 48h，取出后在标准试验条件下养护 4h。

将防水膜裁剪为 300mm×50mm 的一组试件平放在模具的底部，粘结面（尺寸为 70mm×50mm）朝上，然后将砂浆拌合物倒入模具，在混凝土振动台上振实 20s，厚度为 30～50mm（图 2-16）。在 20±2℃放置 24h 后脱模，再在标准养护条件养护 7d。

将砂浆板装在试验机一端的夹具上，将未粘结防水膜一端翻转 180°，夹在试验机另一端的夹具中，使试件的纵向轴线与拉伸试验机及夹具的轴线重合。夹具间距离至少为 100mm，不承受预荷载。试验拉伸速度为 100±10mm/min，

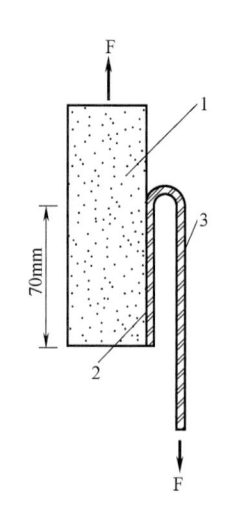

图 2-16 与后浇混凝土的
剥离强度示意图
1—砂浆；2—粘结面（70mm×
50mm）；3—防水膜

· 33 ·

连续记录拉力直至试件分离。

去除应力-应变图中起始和结束的 1/4 区域，取中间 1/2 区域的平均剥离力或峰面积力的平均值除以试件宽度作为试件的剥离强度，单位为 N/mm，试验结果取 5 个试件结果的算术平均值。

（2）水泥粉污染表面

将强度等级为 42.5MPa 的普通硅酸盐水泥粉满撒在平放试件的粘结面上，保持 7d，然后用水冲洗表面的水泥粉，再按"无处理"试验方法进行试验。

（3）泥砂污染表面

将含泥量不超过 2% 且最大粒径不超过 0.20mm 的细砂均匀撒在平放试件的粘结面上，保持 168±2h，然后用水冲洗每个试件表面的细砂 2min，再按"无处理"试验方法进行试验。

（4）紫外线老化

将试件的粘结面朝向光源，放入氙弧灯老化仪中，辐照强度为 60±2W/m^2（300～400nm），黑标温度为 65±3℃。光照的同时每 2h 喷淋 18min，累计辐照时间为 72h±5min。取出后在 23±2℃室内放置 24h，再按"无处理"试验方法进行试验。

（5）热老化

将试件水平放入 70±2℃烘箱中 168±2h，取出后在 23±2℃室内放置 24h，再按"无处理"试验方法进行试验。

14. 与后浇混凝土浸水后剥离强度

按前述"与后浇混凝土的剥离强度"的"无处理"试验方法进行试件制备，然后浸入 23±2℃的水中 28d±2h，再按"与后浇混凝土的剥离强度"的"无处理"试验方法进行试验。

2.3.3 性能检验规则

检验分类包括：出厂检验、型式检验和进场检验。通常，进场检验项目同出厂检验项目，包括材料主要的性能指标项目；型式检验则包括材料全部的性能指标项目。

1. 出厂检验

以同一厂家、同一品种、同一批次的 A 组分产品 20t 为一批进行检验，不足 20t 按一批计。产品出厂前应检验合格，并附合格证后方可出厂。

2. 型式检验

有下列情况之一时，应进行型式检验：

（1）产品投产时；

（2）正常生产满一年时；

（3）原材料工艺等发生变化时；

（4）产品停产 6 个月及以上恢复生产时。

3. 进场检验

以同一厂家、同一品种、同一批次的产品 20t 为一批进行检验，不足 20t 按一批计。

4. 抽样

在每批产品中随机抽取两组样品，一组样品用于检验，另一组产品封存备用，每组至少 5kg，抽样前产品应搅拌均匀。

5. 判定规则

所有检验项目均符合要求时，则判定该批产品合格；若有两项或两项以上指标不符合要求时，则判定该批产品性能不合格；仅有一项指标不符合要求，应对不合格项进行加倍抽样和复检，复检结果均达到要求时，则判定该批产品性能合格。

第3章 ▶▶

隧道工程喷涂防水设计

根据施工方法的不同，隧道可以大致分为明挖法隧道、矿山法隧道、盾构法隧道及TBM法隧道等几种结构类型。目前，喷涂防水主要在明挖法隧道和矿山法隧道中采用得较多。因此，本章根据隧道工程喷涂防水的工程实践经验，主要介绍这两类隧道结构（以铁路隧道为主，兼顾部分明挖地铁车站）中喷涂防水设计的相关技术内容。

3.1 防水设计基本要求

隧道防水所涉及的方面较多，"防、排、截、堵"均是隧道防水中综合采用的一些技术措施和手段，本节主要从隧道防水设计的一般性要求和基本规定出发，介绍隧道工程喷涂防水设计应遵循的主要原则。

3.1.1 隧道防水原则

以铁路隧道为例，隧道防排水工程设计应遵循"防、排、截、堵相结合，因地制宜，综合治理，保护环境"的原则，这与现行国家标准《地下工程防水技术规范》GB 50108—2008提出的防水原则是基本一致的，但又体现了隧道工程尤其是山岭隧道的防水特点。

"防"：要求隧道建立具有一定自防水能力的防水体系，能防止地下水的无序渗入，确保隧道的使用功能，同时也使地下水环境处于可控状态，如衬砌采用防水混凝土或设置防水板防水层等。隧道衬砌结构以本体防水为主、施工缝等"三缝"防水为重点。

"排"：隧道应有完善的排水系统并对其充分利用，以减小渗水压力和维护结构的安全。对大量排水诱发的不良后果，如围岩颗粒流失、围岩稳定性降低、次生灾害及水环境的破坏等，应事先进行风险评估并妥善处理。

"截"：隧道顶部如有地表水易于下渗的通道、可能直接补给隧道的水系、坑洼积水等，需设置截、排水沟等措施；地下水丰富、来源明确而隧道排水能力不足时，可于地下水来源一侧设置具截水功能的泄水洞等。

"堵"：隧道附近有直通隧道的漏斗、管道等，可采用堵塞封闭的工程措施，但这种堵塞封闭的措施往往带来地表水环境的变化，需慎重采用。隧道施工过程中有涌、突水时，可采用注浆等封堵地下水径流通道；运营隧道渗漏水也可以采用注浆、喷（抹）涂防水层、嵌填防水材料等措施堵水。

"因地制宜，综合治理"：隧道防排水的各种措施是相互影响、相辅相成的。因此，隧道防排水设计要结合工程的水文地质条件、环境保护要求、工程防水等级、施工工

· 36 ·

艺水平、工程经济分析等，因地制宜，选择适宜的方法、标准，贯彻综合治理的设计理念。

"保护环境"：要求以保护环境为防排水设计的重点，尽可能减少对水环境的影响，防止水土流失，避免发生次生灾害。然而，要完全将水阻止在工程之外，其工程代价是巨大的，多数情况下还存在技术上的困难，甚至可能导致结构破坏而使防水体系失效。因此，在保护环境的前提下，进行合理的排放是必要的。

3.1.2 隧道防水设计标准

铁路隧道防水等级目前分为一、二、三、四级，各等级的防水标准应符合表 3-1 的规定。

铁路隧道防水等级标准 表 3-1

防水等级	标准
一级	不允许渗水,结构内缘表面无湿渍
二级	不允许漏水,结构内缘表面可有少量因渗水形成的湿渍或水膜;总湿渍面积不大于总防水面积的 2/1000;任意 100m² 防水面积上的渗水不超过 3 处,其单个形成的湿渍或水膜面积不大于 0.2m²;平均渗入水量不大于 0.05L/(m²·d),任意 100m² 防水面积上的渗入水量不大于 0.15L/(m²·d)
三级	有少量漏水点,不得有线流和漏泥砂,安装设备的孔眼不渗水;任意 100m² 防水面积上的漏水点、渗水形成的水膜或湿渍不超过 7 处;单个湿渍或水膜面积不大于 0.3m²,单点漏水量不得大于 2.5L/d
四级	有漏水点,不得漏泥砂

在对新建和改建铁路隧道进行防水设计时，应根据工程的重要性、使用功能、运营安全保障等要求，按下列规定确定相应的防水等级：

一级防水：有客运作业或装修要求的车站隧道拱墙；高速铁路隧道拱墙；隧道抗冻设防段衬砌；隧道内供人员长期工作的洞室；因少量湿渍而影响设备正常运转、危及运营安全的设备洞室；因少量湿渍使贮存物质变质、失效的贮物洞室。

二级防水：电气化铁路隧道拱墙；内燃牵引铁路隧道拱墙；隧底结构；有人员经常活动的场所；安装一般电气设备的洞室、置放无防潮要求器材物料的洞室；辅助坑道内安装电动防火门、风机及其控制设备的段落。

三级防水：运营期间作为防灾救援通道、检修通道、通风排烟通道的辅助坑道；人员临时活动场所；安装非电气设备的洞室。

四级防水：对渗漏水量无严格要求的坑道、施工用临时洞室。

有严格环境保护要求的地区，防水等级的确定尚应满足维护水环境的要求。

3.1.3 隧道防水设防要求

隧道衬砌结构防水措施应根据防水等级、水文地质、环境条件及材料性能等因素确定，对衬砌结构的不同部位进行防水设防。

隧道结构防水系统主要可分为两部分：结构主体防水和细部构造特别是施工缝、变形缝的防水。隧道衬砌、防水层、施工缝、变形缝防水设防措施应符合表 3-2 的要求。

铁路隧道衬砌结构防水设防要求　　　　　　　　表 3-2

工程部位		拱墙		仰拱(底板)		施工缝						变形缝			
防水措施		塑料防排水板	防水涂料	塑料防排水板	预埋注浆管	中埋式止水带	预埋注浆管	排水板	外背贴式止水带	防水密封材料	水泥基渗透结晶防水涂料	中埋式止水带	外背贴式止水带	防水密封材料	排水板
防水等级	一级	应选	可选	必要时选一种		应选		至少选一种				应选	至少选两种		
	二级	应选	—	必要时选一种		应选	至少选一种					应选	至少选一种		
	三级	可选一种		—		可选一种						可选一种			

3.1.4 隧道喷涂防水层厚度

目前，喷涂速凝橡胶防水涂料在隧道、管道、地铁车站、地下室和屋面等工程的防水体系中均有一定应用。铁路工程喷膜防水材料企标中要求隧道用喷涂橡胶沥青防水层厚度不应小于 1.5mm，喷层基本厚度可以参考相关规范及表 3-3 所示既有工程实例进行设置。丙烯酸盐喷膜防水材料目前在相关规范中给出的实用防水厚度为 3mm，在已经实施的明挖、暗挖隧道及地下工程中均取得了满意的防水效果。

工程实例中的喷涂厚度参考值　　　　　　　　表 3-3

工程类型	工程名称	喷涂厚度(mm)	结合材料
隧道	某机库工程	1.5	无
	张呼高铁站前土建 3 标段	1.5	0.7mm 厚 HDPE 薄膜
	芮城大禹渡泵站工程	1.5	无
地铁车站	厦门市轨道交通 2 号线一期工程金融中心站(顶板)	2	1.5mm 厚耐根系穿刺防水层
	厦门市轨道交通 2 号线一期工程金融中心站(侧墙及底板)	2	无
	长沙地铁 4 号线汉王陵公园站	1.5	0.5mm 厚 HDPE 薄膜
	厦门市轨道交通 3 号线工程洪坑站	1.5	0.5mm 厚 HDPE 薄膜
地下室	郑州市经济技术开发区滨水家园	双层 1.2	无
	中信银行杭州分行新大楼	1.5	无
屋面	台州市广聚能源科技有限公司厂房及办公楼	1	1.0mm 厚喷涂水性非固化橡胶沥青
	陕西省卷烟材料厂滤棒工房	2	无
渠道	江苏某地渠道防渗工程	1.5	无

但对于隧道工程喷涂防水设计厚度，在工程实践中也逐步提出应考虑工程的防水等级、设计使用年限、地下水状况、隧道排水坡度、所处环境条件、喷涂施工方式等，在充分积累试验和应用数据的前提下，进行有针对性的考虑和区分。比如丙烯酸盐喷膜防水材料，在明挖地下工程（城市综合管廊）中，由于基面条件良好、能实现满粘效果，也有采

用 2～2.5mm 厚度的实施案例，取得了良好的效果。

3.1.5 隧道防水设计内容

1. 隧道防水工程设计一般应包括以下内容：
(1) 工程各部位防水等级、设防要求。
(2) 防水体系的构成。
(3) 防水混凝土的抗渗等级、技术指标。
(4) 防水材料的选用及其技术指标、施工工艺要求、质量保证措施。
(5) 施工缝、变形缝构造及技术要求、质量保证措施。
(6) 降水、堵水措施及技术要求。
(7) 洞口、洞身排水系统构成、选用材料及设备配置。
(8) 保证施工安全的工程措施。
(9) 环境保护相关工程及技术要求。
(10) 运营维修及养护的技术要求。
2. 喷涂防水设计尚需包含以下内容：
(1) 成型后防水材料的性能指标。
(2) 原材料质量控制。
(3) 基面处理措施。
(4) 作业环境要求。
(5) 搭接处理。
(6) 施工工艺。
(7) 质量检验。

3.2 明挖隧道主体结构防水系统

明挖隧道是指采用明挖方式修建的地下结构，在山岭隧道的浅埋段尤其是洞口区域的隧道接长段采用明挖法修建拱形明洞较多，此外，在城市区域采用明挖法修建地铁车站形成的矩形地下结构也较为常见。明挖隧道防水主要针对地表水、坑底及周边坡面的渗透地下水，因此应充分考虑工程结构的特点和需求，综合采用多种方式对明挖隧道结构进行防水设防。限于本书的重点，在本节中主要介绍与喷涂防水系统相关的设计内容。

3.2.1 拱形明挖隧道防水

拱形明挖隧道常见于山岭隧道的接长部分，一般长度不长，且其排水系统的构成往往与暗洞一致并具有相匹配的功能及能力，一般采用防排结合防水形式。但是在一些特殊情况下，例如浅埋隧道全长均采用明挖法进行修建时，也会根据场地的工程地质条件和地下水条件，采取全封闭的防水系统，以避免排水对周边环境的长期影响。

拱形明洞衬砌防水构造形式示例如图 3-1、图 3-2 所示。其中排水型明洞的仰拱底部通常不设置防水层，衬砌背后还需设置排水设施，并将地下水引导进入隧道洞内的排水系统中集中排放。全封闭防水明洞则设置了对衬砌进行全包的防水层，并取消了衬砌背后的排水设施。当采用喷涂防水层时，在工程实践中，根据明挖基坑放坡开挖或带围护结构的两种开挖支护形式，喷涂防水层与明洞衬砌的结合方式有两种：第一种是全放坡开挖明洞衬砌拱墙部分，是通过对基面进行找平后，将防水材料直接喷涂在找平后的明洞衬砌表面；第二种是明洞衬砌仰拱（底板）及带围护结构，在明洞衬砌边墙表面铺设一层隔离层，在隔离层表面进行防水层的喷涂，拱顶部分采用第一种形式直接喷涂在结构表面。

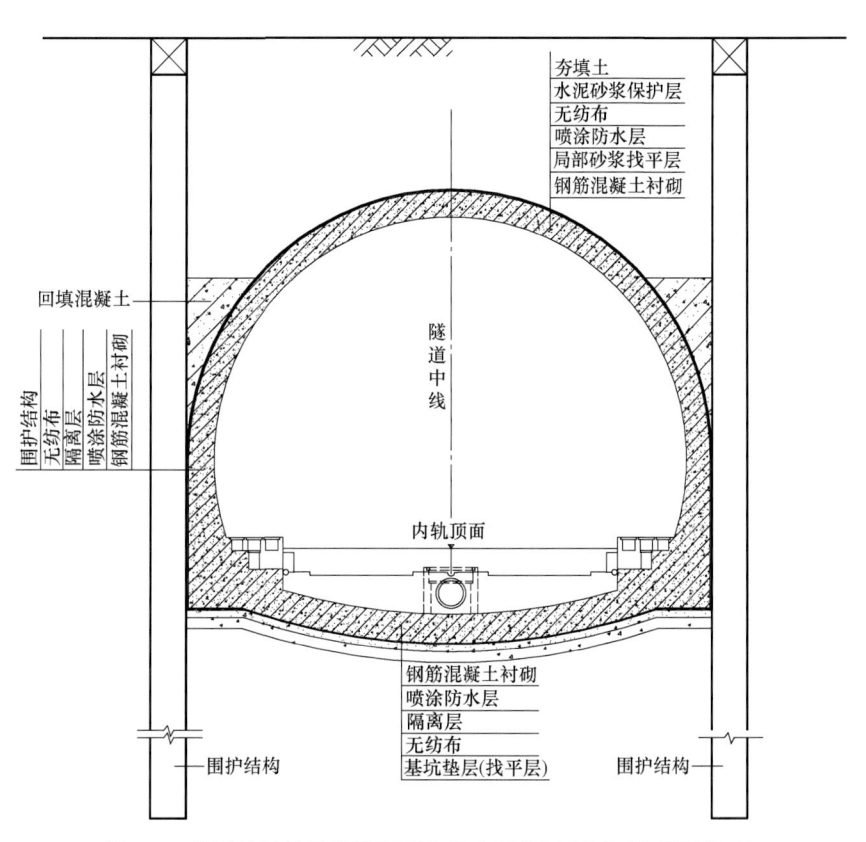

图 3-1　带围护结构拱形明洞喷涂防水系统示意图（全封闭防水）

在工程实践中，以上两种喷涂防水层的设置方式均有相应的工程应用实例。从保证防水层与隧道衬砌结构密贴、提高防水效果来说，通常在条件允许的情况下优先采取第一种方式进行喷涂防水层的设置，即应直接在隧道明洞衬砌表面喷涂防水层。当隧道衬砌表面还需要铺设其他设施（如保温层时），为保证防水层的连续性，也可以采取铺设隔离层后将防水层喷涂到隔离层上的方式（图 3-3），隔离层需具备与防水材料相适应的拉伸性能及耐久性。以上两种方式，在喷涂防水层施作完毕后，均需要采用较厚的土工布（单位面积重量 $>400\text{g}/\text{m}^2$）、砂浆保护层对喷涂防水层进行保护，防止回填土石过程中对防水层造成的破坏。

3.2.2　矩形明挖隧道防水

矩形明挖隧道在地铁区间隧道及地铁车站、市政道路下穿隧道等工程中较为常见。按

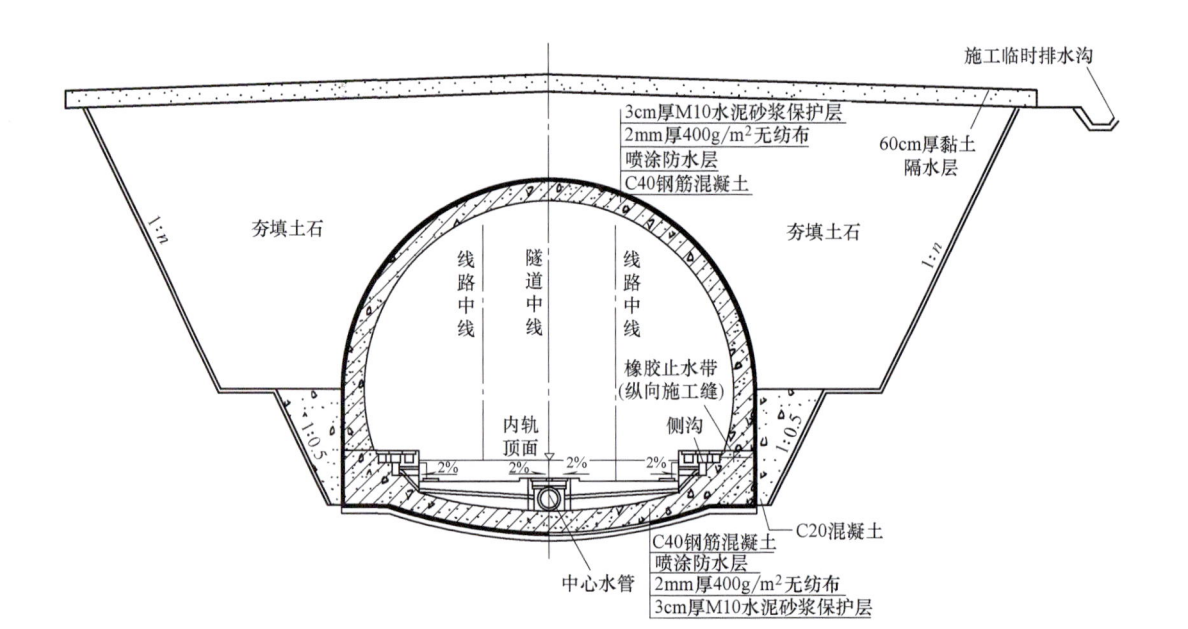

图 3-2　拱形明洞喷涂防水系统示意图（放坡开挖全封闭防水）

(a) 明洞表面铺设保温板

(b) 保温板表面铺设隔离层后喷涂防水层

图 3-3　明洞衬砌表面铺设保温板及隔离层后喷涂防水层

开挖方法，矩形明挖隧道又分为放坡开挖和带围护结构开挖两种情况。

1. 放坡开挖

图 3-4 为放坡开挖的矩形明挖隧道的喷涂防水系统设计图示例，其中图 3-4（b）为"U"形槽明挖隧道结构。

在图 3-4 所示的矩形明挖隧道喷涂防水系统中，侧墙、顶板部位的防水层通常直接喷涂在结构表面，以便形成与结构基面密贴的连续防水层。之后再在防水层外部设置细石混凝土、砖砌、聚苯板等保护层（图 3-5），以保护防水层在后期的回填过程中不受到破坏。

对于矩形明挖隧道底板部位，目前工程实践中针对喷涂防水层与混凝土垫层之间的结合方式通常也有两种考虑：第一种是在垫层找平后，将防水层喷涂在垫层表面，防水层与

· 41 ·

隧道喷涂防水技术及工程实践 ··············

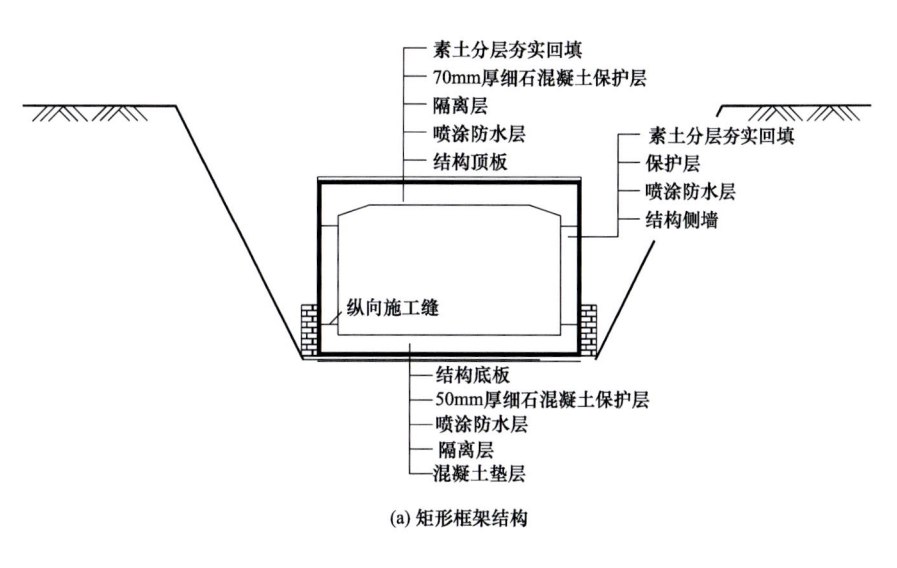

(a) 矩形框架结构

素土分层夯实回填
70mm厚细石混凝土保护层
隔离层
喷涂防水层
结构顶板
素土分层夯实回填
保护层
喷涂防水层
结构侧墙
纵向施工缝
结构底板
50mm厚细石混凝土保护层
喷涂防水层
隔离层
混凝土垫层

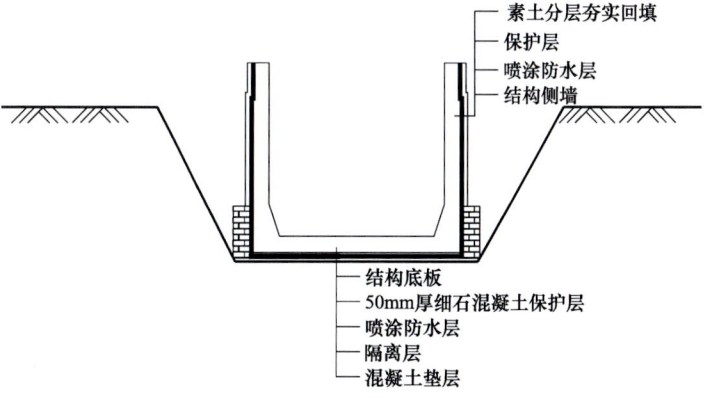

(b) "U"形槽结构

素土分层夯实回填
保护层
喷涂防水层
结构侧墙
结构底板
50mm厚细石混凝土保护层
喷涂防水层
隔离层
混凝土垫层

图 3-4　矩形明挖隧道（放坡开挖）喷涂防水系统示意图

(a) 聚苯板保护层　　　　(b) 细石混凝土保护层　　　　(c) 砖砌保护层

图 3-5　矩形明挖隧道侧墙、顶板喷涂防水层保护层

混凝土垫层全面粘贴；第二种是在混凝土垫层表面铺设一层土工布隔离层后，防水层仅仅喷射在隔离层表面，与混凝土垫层之间是脱离的。对于一些体量相对较小、形状简单、地基均匀的明挖隧道结构，可以采用第一种方式；对于一些体量和规模相对较

· 42 ·

大、地基土层不均匀且预计将来有不连续的沉降发生的情况下，建议采用第二种方式，以避免将来防水层伴随基层土及混凝土垫层的不均匀沉降而受到撕裂作用导致防水体系失效的情况发生。除此之外，在底板混凝土垫层表面铺设一层隔离层的做法，可以减少垫层找平的工作量，也可以为喷涂防水层快速提供一个较为平整的基面，对于保证施工效率和防水层的质量也是有益的。因此在目前的工程实践中，包括在带围护结构的明挖隧道及地下结构中采取这种方式的案例日渐增多。在防水层施作完毕后，还应在其表面施作一层细石混凝土保护层，防止防水层在后续底板钢筋绑扎、混凝土浇筑等工序中受到破坏（图 3-6）。

(a) 垫层表面铺设隔离层　　　　(b) 隔离层表面喷涂防水层　　　　(c) 施作细石混凝土保护层

图 3-6　明挖隧道底板混凝土垫层隔离层表面喷涂防水层

2. 带围护结构开挖

图 3-7 为带围护结构开挖的矩形明挖隧道喷涂防水系统设计图示例，其中图 3-7（b）为结构的底板、侧墙为防水卷材时（以预铺反粘式防水卷材为例）的喷涂防水系统示意

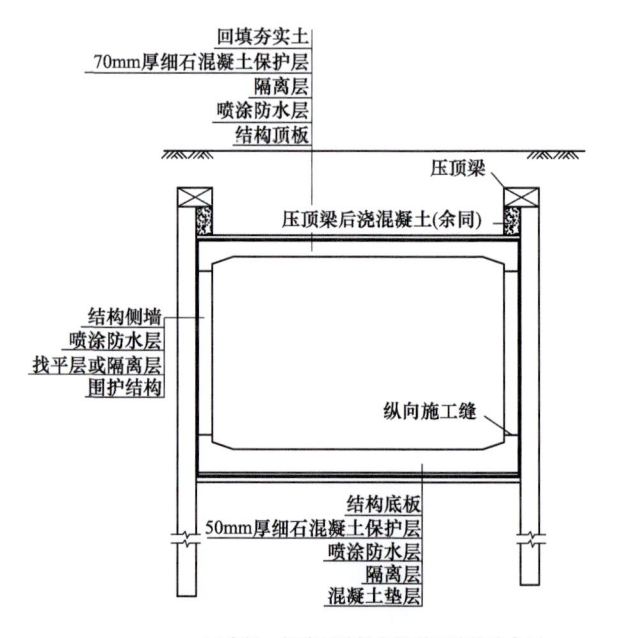

(a)底板、侧墙及顶板全部采用喷涂防水层

图 3-7　矩形明挖隧道（带围护结构）

喷涂防水系统示意图（一）

· 43 ·

隧道喷涂防水技术及工程实践

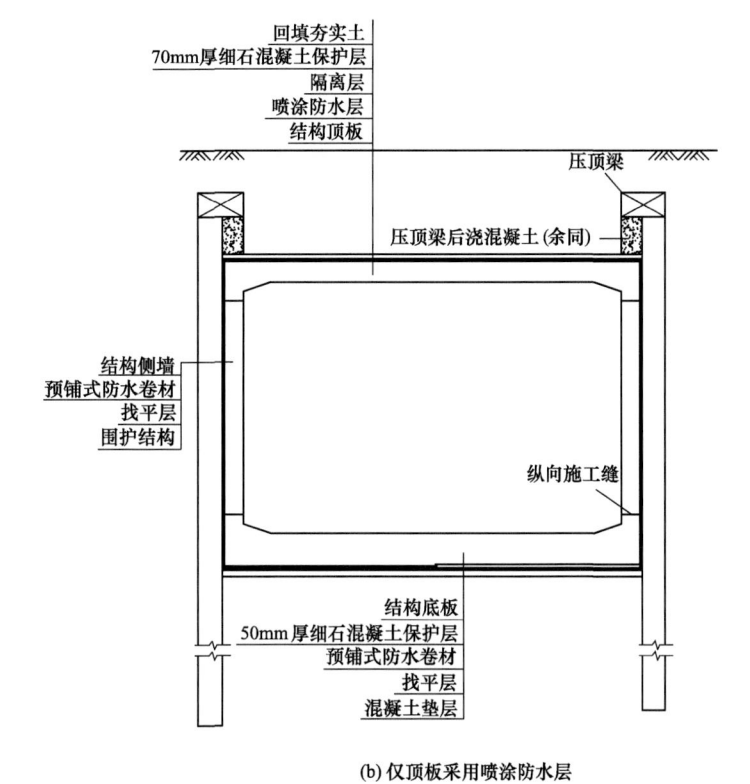

(b) 仅顶板采用喷涂防水层

图 3-7　矩形明挖隧道（带围护结构）
喷涂防水系统示意图（二）

图。仅在顶板采用喷涂防水层的做法，在国内华东地区一些城市的明挖地铁车站中时有采用，此时应注意侧墙防水卷材与顶板喷涂防水层之间的过渡和衔接的细部构造做法，应采取有效措施保证防水层的连续、有效。

　　在图 3-7 所示的防水构造中，通常情况下隧道的主体结构侧墙与围护结构是密贴施作，而不像建筑地下室基坑会留出一定空间（也称为"肥槽"）用于在地下结构外部铺设防水层，因此只能在围护结构的表面进行防水层的铺设，之后再密贴防水层浇筑隧道主体结构。由于围护结构的表面通常存在一定的粗糙度或局部渗水，对喷涂防水层的成型和质量有较大影响，因此需要在围护结构的表面进行找平及对渗水进行注浆封闭；在工程实践中，有时也会通过铺挂一层隔离层（土工布或 HDPE/LDPE 薄膜）将围护结构表面进行覆盖后再进行防水层的喷涂。现场实施的情况如图 3-8 所示。

　　在矩形明挖隧道的顶板部位，当喷涂防水层施作完毕后，需要在其上方浇筑一层细石混凝土保护层（通常为 70mm 厚），以防止后续土方回填过程中施工机械对防水层的破坏。在浇筑混凝土保护层之前，还需要在防水层的顶部覆盖一层土工布隔离层，以防止细石混凝土保护层在养护过程中的收缩影响防水层的性能和效果（图 3-9）。在图 3-4 所示的明挖隧道结构底板部位，由于喷涂防水层的底部已经铺设了一层隔离层，因此在防水层顶部再浇筑细石混凝土保护层时，已经解除了喷涂防水层与其底部垫层之间的约束，就无须在防水层顶部铺设隔离层了。

· 44 ·

| (a) 围护结构基面情况 | (b) 基面处理后喷涂 | (c) 铺挂隔离层后喷涂 |

图 3-8　带围护结构的明挖隧道结构侧墙部位喷涂防水

| (a) 顶板防水层上覆盖隔离层 | (b) 铺设隔离层后浇筑混凝土保护层 |

图 3-9　矩形明挖隧道顶板喷涂防水层的保护措施

3.3　暗挖隧道主体结构防水系统

目前，针对暗挖隧道中的喷涂防水应用，主要是在采用矿山法开挖的隧道中比较多见，而盾构隧道、TBM 隧道、顶管隧道等结构形式的案例相对不多。因此，本小节主要介绍在矿山法隧道中采用喷涂防水的相关构造设计要点。

3.3.1　暗挖隧道主洞

我国的矿山法隧道目前主要遵循"新奥法"的理念进行设计和施工，因此普遍采用复合式衬砌结构，即在初期支护和二次衬砌之间设置防水层，形成"三明治"式的衬砌结构。根据是否在仰拱部位施作防水层，又可以将其防水形式分为"半封闭"（半包式）和"全封闭"（全包式）两种。在铁路、公路等山岭隧道中，防水层后还要设置排水设施，以将渗水进行集中排放，消除作用在衬砌结构上的水压荷载，因此采用的是排水型的防排水构造；而在市区修建的地铁隧道中，又往往取消设置在防水层与初期支护之间的排水设施，从而形成非排水型的防排水构造。此处仅以双线铁路隧道为例，介绍矿山法隧道暗洞段喷涂防水的构造形式，如图 3-10 所示。

· 45 ·

隧道喷涂防水技术及工程实践 ......

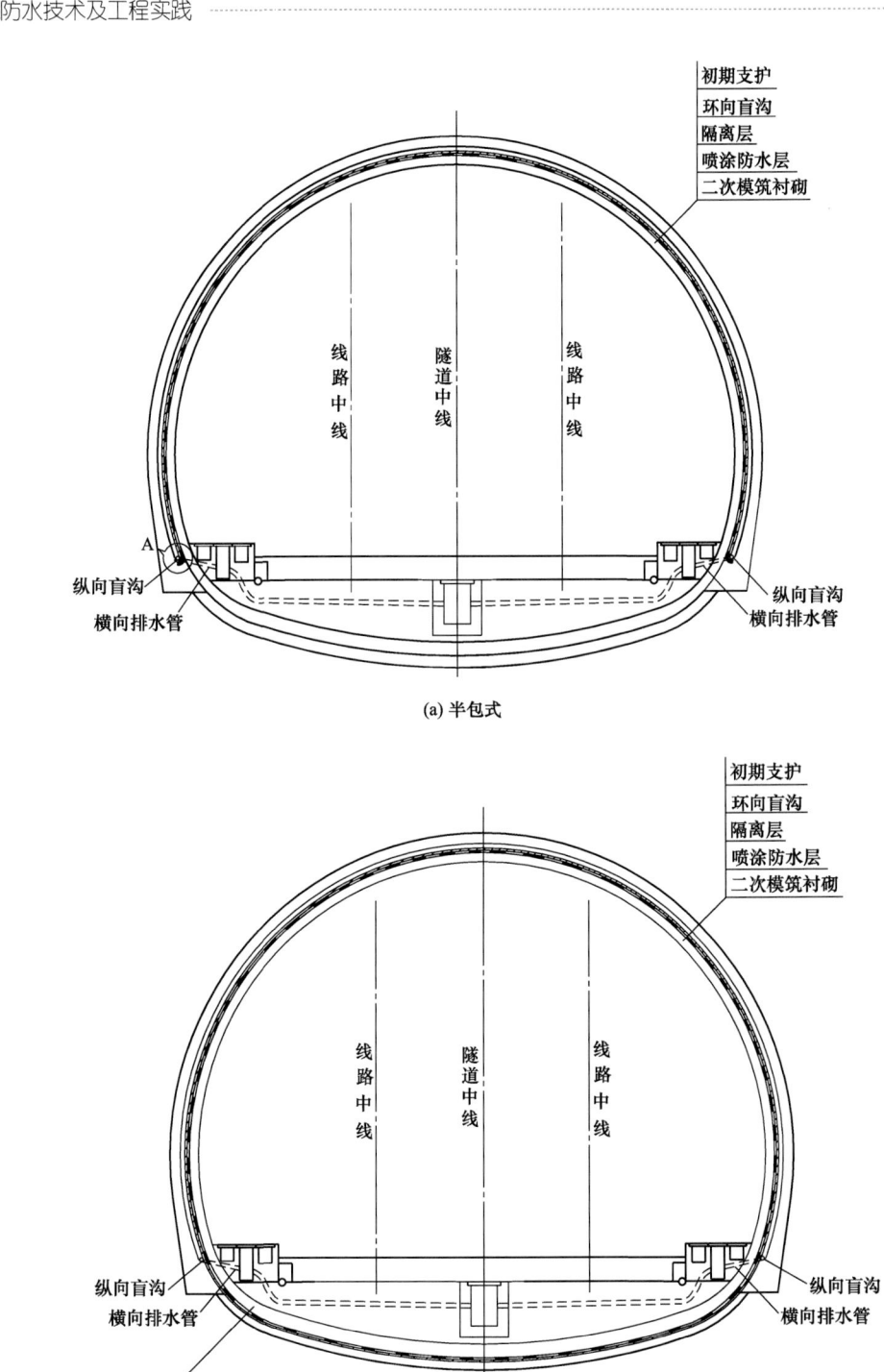

(a) 半包式

(b) 全包式

图 3-10 矿山法暗挖隧道喷涂防水系统示意图

第3章 隧道工程喷涂防水设计

如本书第 1.2.4 节所述，由于初期支护喷射混凝土基面粗糙、渗水等情况对于喷涂防水的施作和质量均有较大影响，因此在国内目前已经施作的矿山法隧道案例中，绝大多数是在初期支护基面铺挂一层隔离层（土工布或 HDPE/LDPE 薄膜），在隔离层上喷涂防水涂料，与后浇混凝土粘结，形成密贴皮肤式防水。同时，这种构造形式保留了复合式衬砌结构中初期支护与防水板之间的排水间隙，对于消除水压、保证衬砌结构的安全也是有利的。因此，在图 3-10 中所示的防水构造层次中，在喷涂防水层与初期支护之间设置了一层隔离层。实际隧道工程案例中隔离层的铺设及其表面喷涂防水层的情况如图 3-11 所示。

(a) 固定隔离层　　　　　　　　　　　(b) 隔离层表面喷涂防水层

图 3-11　矿山法隧道初期支护表面铺设隔离层及喷涂防水层

但是，目前国内也有少数工程案例是在对初期支护基面进行砂浆找平和渗水治理之后，再将喷涂防水层施作在喷射混凝土初期支护表面（图 3-12）。这种结构形式对于提高初期支护、防水层、二次衬砌的密贴性有利，也能在一定程度上阻止窜水现象的发生，并能提高复合式衬砌结构的协同受力作用。只是如果采取这种构造形式，则应关注对隧道衬砌结构所承受水压的影响，需要对衬砌的排水系统进行妥善的设计调整，保证其具有足够的排水泄压工作能力，不至于造成隧道二次衬砌的安全隐患。

(a) 砂浆找平层效果　　　　　　　　　　(b) 找平层表面喷涂防水层

图 3-12　矿山法隧道初期支护表面找平后喷涂防水层

国外的一些隧道喷涂防水工程中，通过在拱腰和边墙部位打设一些泄水孔等方式，对围岩中的地下水进行导流，并将其引入隧道内的排水系统中。目前，国内还未对基于喷涂

· 47 ·

隧道喷涂防水技术及工程实践

防水的隧道排水设施进行系统的考虑和设计，大多数隧道的喷涂防水系统还是参考和借鉴复合式衬砌，这也是需要进行深入研究的问题之一，需要在实践中不断积累经验。

3.3.2 附属洞室及辅助坑道

在铁路、公路等隧道中，设有一些避车洞、设备洞室、辅助坑道等，同样也适用于喷涂防水，并与主洞的防水系统连接形成一体。在附属洞室中，采用的衬砌结构形式及防水系统与主洞类似，均是在初期支护和二次衬砌之间设置喷涂防水层。图 3-13 给出了矿山法隧道附属洞室喷涂防水系统示意图，其中在附属洞室与主洞交接的部位，需要对局部进行防水加强。一般是采用同材质同厚度的喷涂防水层，在图中所示的转角位置进行喷涂防水加强。

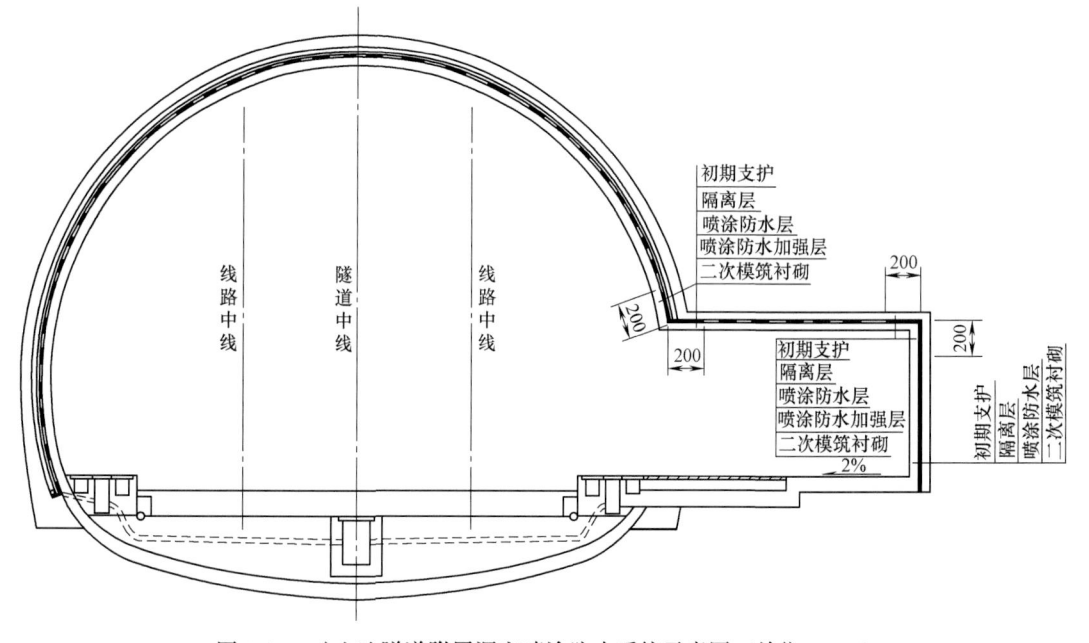

图 3-13 矿山法隧道附属洞室喷涂防水系统示意图（单位：mm）

对一些斜井等辅助坑道，如果需要兼顾运营期间的防灾救援通道、检修通道、运营通风通道等功能，则需要进行防水设防。辅助坑道的喷涂防水系统与暗挖主洞类似，也需要对初期支护基面铺设隔离层后再进行喷涂防水层的施作（图 3-14）。由于辅助坑道的防水等级通常为三级、局部为二级，因此在经过论证和保证相应防水效果的前提下，喷涂防水层的厚度也可以适当减小，以节约造价。此外，如果这类辅助坑道进行喷涂防水时，喷涂防水层不宜外露，条件允许的情况下应施作模筑衬砌对喷涂防水层进行覆盖，以提高衬砌结构的整体抗渗性能，以及防止高分子喷涂防水层在外露的情况下造成耐久性下降的情况。如果条件不允许施作模筑衬砌，也建议至少应喷射一层 5～10cm 厚的混凝土对防水层进行防护。

目前，国内已经实施的相关案例包括汉巴南铁路全线的隧道洞室、京张高铁八达岭地下车站的辅助坑道、银西高铁早胜隧道 2 号斜井等，以及部分公路隧道平导（雪山梁子公路隧道）、地铁区间隧道联络通道等。相关的现场实施情况如图 3-15 所示。

· 48 ·

第3章 隧道工程喷涂防水设计

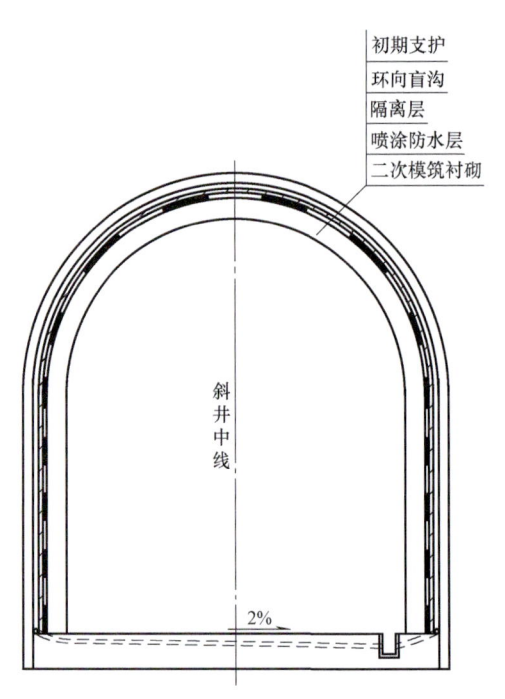

(a) 设备洞室喷涂防水

(b) 辅助坑道喷涂防水

图 3-14 矿山法隧道辅助坑道喷涂防水系统　　图 3-15 矿山法隧道设备洞室及辅助坑道喷涂防水

3.4 细部构造防水设计

在矿山法隧道的暗洞和明洞衬砌结构中，常见的细部构造包括施工缝、变形缝、明暗交接部位等，均需要进行妥善的防水设计。在明挖法地铁车站及区间隧道结构中，隧道的细部构造相对多一些，包括施工缝、变形缝、阴阳角、与卷材的搭接部位等，此外还可能包括桩头、预留通道接口等。本节对常见的一些隧道结构细部构造的喷涂防水设计进行介绍。

3.4.1 施工缝

施工缝防水是隧道防水的重点内容，通常在施工缝部位，喷涂防水层需要进行局部的加强，采用与喷涂防水层同材质的防水材料（喷涂或刷涂），沿着施工缝一定宽度范围将施工缝进行防水加强，之后再喷涂设计厚度的大面防水层。

按暗洞结构施工缝所在的部位，又可以分为底板（水平）施工缝、拱墙（环向）施工缝；在矩形明挖隧道中，施工缝又可以分为底板施工缝、侧墙施工缝、顶板施工缝，其中，侧墙施工缝按是否有围护结构又分为带有围护结构和放坡开挖的侧墙施工缝。各种类型的施工缝防水构造示例参见图 3-16、图 3-17，具体可以根据喷涂防水材料的特性和要

· 49 ·

求，对所示的构造进行对应的设计。此外，图中仅仅展示了喷涂防水层相关构造层次和防水措施的做法，施工缝其他的防水措施仅为示意，需要根据具体工程的相关设计进行设置。

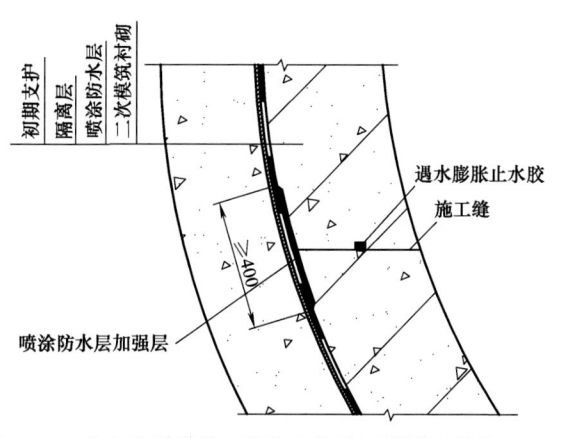

图 3-16　矿山法隧道施工缝防水构造示意图（单位：mm）

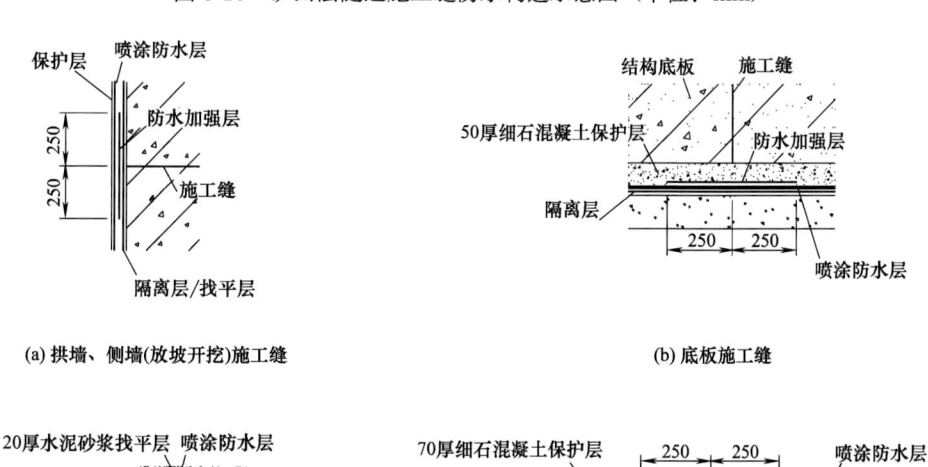

图 3-17　明挖隧道施工缝防水构造示意图（单位：mm）

3.4.2　变形缝

变形缝通常位于矿山法隧道明暗交接及围岩变化区段，以及明洞地基不稳定可能产生不均匀沉降的区段。在变形缝的部位，为避免防水层受到过大的变形而断裂，需要设置与防水层同材质、同厚度的加强层。在矩形明挖隧道结构中，按所在部位也可以分为顶板变形缝、侧墙变形缝、底板变形缝，以及带有围护结构的侧墙变形缝。各种类型的变形缝的防水构造示例参见图 3-18、图 3-19。与施工缝防水构造类似，图中仅仅展示了喷涂防水层相关构造层次和防水措施的做法，未包含变形缝本身的防水措施。

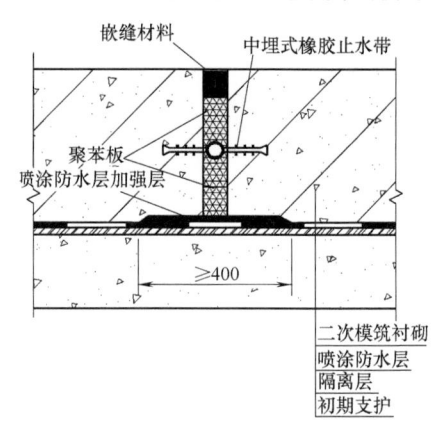

(a) 暗洞段变形缝

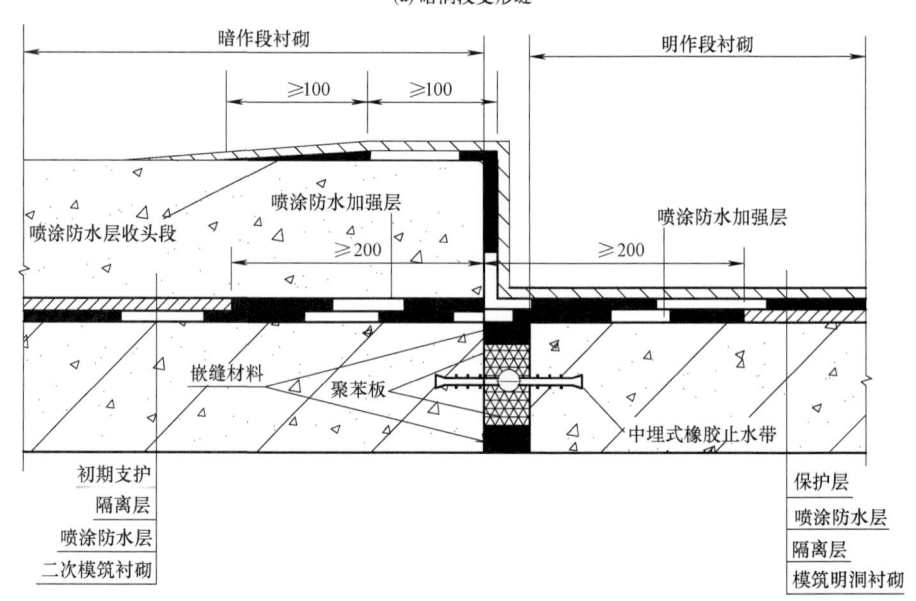

(b) 明暗衬砌相连部位

图 3-18　矿山法隧道变形缝防水构造示意图（单位：mm）

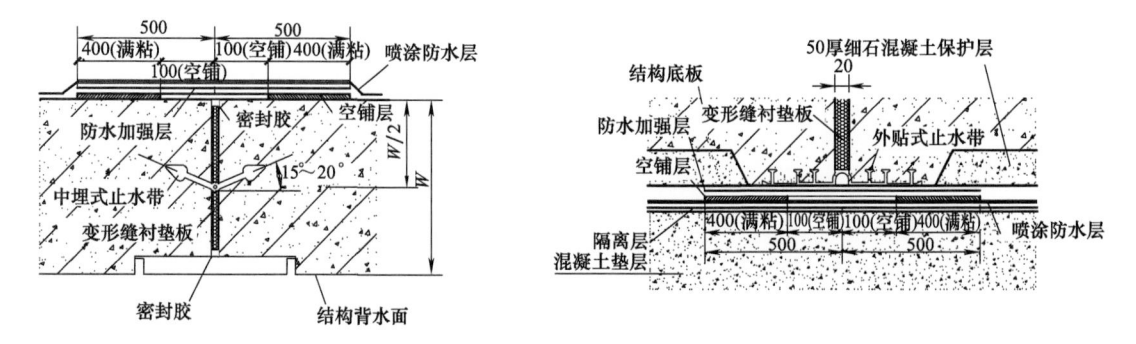

(a) 拱墙、顶板及侧墙(放坡开挖)变形缝

(b) 底板变形缝

图 3-19　明挖隧道变形缝防水构造示意图（单位：mm）（一）

隧道喷涂防水技术及工程实践

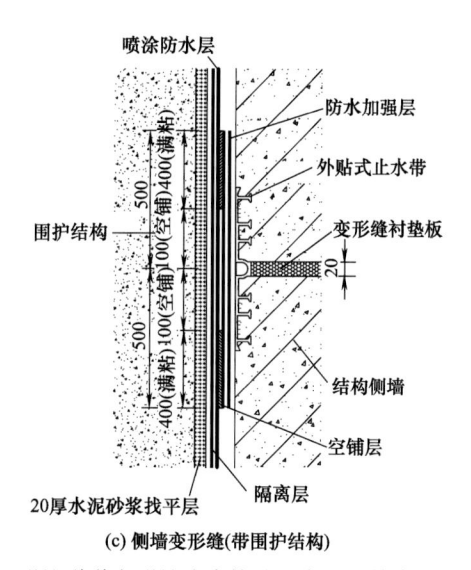

(c) 侧墙变形缝(带围护结构)

图 3-19　明挖隧道变形缝防水构造示意图（单位：mm）（二）

3.4.3　其他细部构造

明挖隧道尤其是矩形断面的明挖隧道结构中可能存在阴阳角部位，此外，在带有围护结构的矩形明挖隧道中，当采用外防内喷法施作防水层时，还需要对结构底板和顶板与围护结构接触的部位进行处理。相关构造示例如图 3-20 所示。

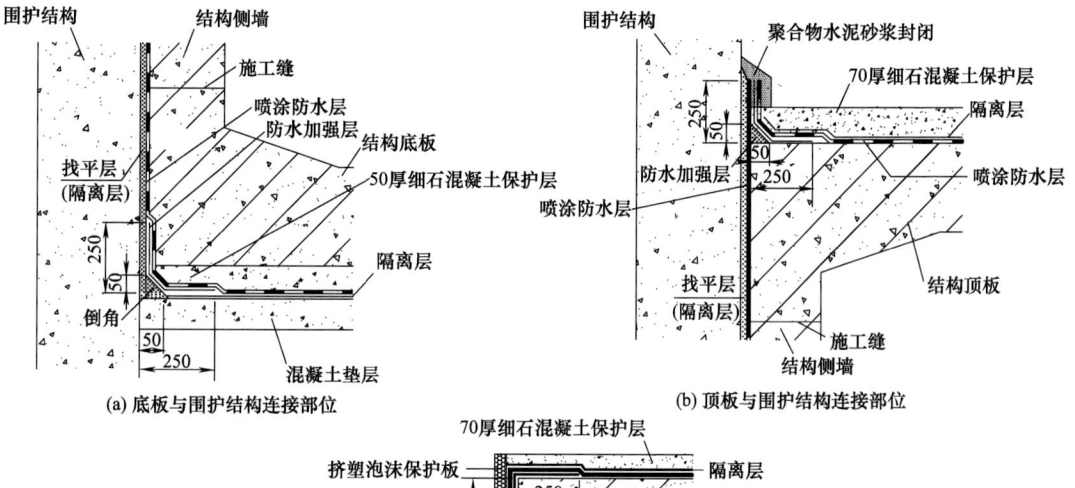

图 3-20　明挖隧道其他细部构造防水设计（单位：mm）

· 52 ·

第3章 隧道工程喷涂防水设计

在工程中可能还会遇到高分子防水板与喷涂防水层连接的情况，常见的搭接形式有明洞结构仰拱（底板）防水板与拱墙衬砌喷涂防水层的搭接（图3-21）、明洞拱部（顶板）喷涂防水层与边墙防水板的搭接（图3-22），暗洞衬砌喷涂防水层与高分子防水板分别用于不同区段的防水，需要考虑防水板与喷涂防水层的连接，搭接范围通过将防水材料喷于防水板内侧，然后与喷涂防水层反粘，最后在防水板外侧再喷一层防水材料，形成无缝连接，确保搭接处的防水效果。

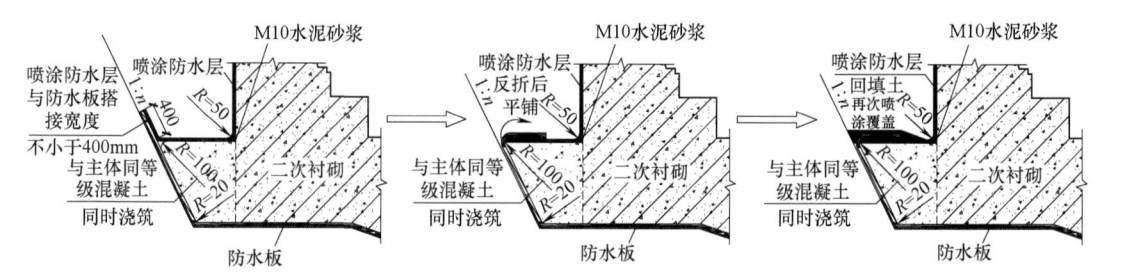

图3-21 明洞结构仰拱（底板）防水板与拱墙衬砌喷涂防水层的搭接示意图（单位：mm）

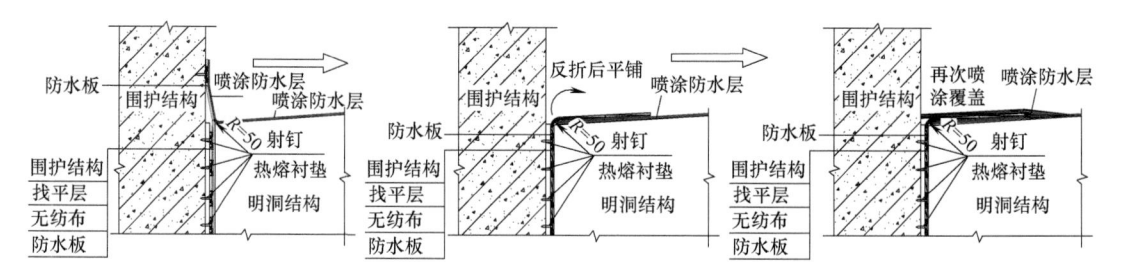

图3-22 明洞拱部（顶板）喷涂防水层与边墙防水板的搭接示意图（单位：mm）

· 53 ·

第4章 ▶▶

隧道工程喷涂防水施工技术

隧道工程喷涂防水施工技术，根据施工方式分为喷涂和涂刷两种。其中喷涂方式是采用专用喷涂设备施工（包括人工喷涂和智能化自动喷涂），主要适用于大面积施工；涂刷则是采用手工涂刷方式施工，主要用于节点处理等小面积施工。本章主要介绍明挖隧道的喷涂施工技术要点及相关作业要求。

4.1 喷涂防水施工技术要点

基于目前国内外隧道工程喷涂防水施工的案例和实际经验总结，隧道喷涂防水相关的施工技术要点主要包括施工方案编制及交底、防水基面处理措施、喷枪操作控制参数、喷涂防水施工工艺要求、喷涂防水层质量检验与验收等方面的内容。

4.1.1 施工方案编制及交底

目前，国内大多数隧道施工单位对喷涂防水技术了解尚不够全面，因此需要防水单位针对每个具体工程编制出针对性强的施工方案，这也是对防水质量的重要保障手段。表4-1列出了喷涂防水施工方案的编制要点，其中"施工方法及工艺要求"是重点内容，需要结合工程概况、工程地质及水文地质条件、结构形式、防水设计、施工环境等因素进行综合考虑，往往也是对编制人员技术水平、施工经验的全面考验。

喷涂防水施工方案编制主要内容　　　　　　　　　　　　　　表 4-1

序号	章节标题	主要内容
1	编制说明	编制依据、编制原则
2	工程概况	工程基本情况、防水设计及要求
3	施工安排	防水施工工序、重难点、组织机构
4	施工进度计划	防水施工进度计划安排
5	施工准备与资源配置计划	人、机、材配置安排及技术准备
6	施工方法及工艺要求	防水施工总体要求、各部位防水施工工艺及要求、细部防水施工工艺
7	施工管理计划	进度、质量、安全、环境等管理

方案编制完成后，务必对防水施工队伍从上到下展开全面技术交底，保证一线人员能掌握方案要点、有力执行，保证实际效果。必要时还需要进行人员的培训，以提高施工队伍的技术能力，确保防水质量。

・54・

4.1.2 防水基面处理措施

防水基面（初期支护表面）的状况对喷膜质量有直接影响，以下情况往往需要在施作喷涂防水层之前进行处理：

（1）基面粗糙。喷射混凝土初期支护基面会直接影响施作在表面的喷涂防水层的均匀性，同时也会增加单位面积上喷涂防水材料的用量。在初期支护基面铺设一层无纺布或HDPE/LDPE 薄膜等隔离层是一种简单有效的做法（图 4-1），铺设隔离层后单位面积喷涂防水材料的用量与平整混凝土基面上的用量接近，且防水层形成的效果良好。在非排水型隧道中也可以采用喷涂砂浆找平层的方式对基面进行处理。

(a) 粗糙基面　　　　　　　　　　　　　　　　(b) 铺挂HDPE膜

图 4-1　基面粗糙程度及处理措施

（2）基面渗水。在存在渗水尤其是流动或带压的明水基面上直接喷涂的做法通常会造成喷涂防水层的缺陷，因此必须对基面渗水点进行处理，常用措施包括注浆消除渗水或者布设局部排水设施进行引排。部分喷涂防水材料可在潮湿基面上进行喷射，但大部分喷涂防水材料对基面渗水控制要求较高，而通过注浆措施达到基面完全无渗水的状况又非常困难，因此铺设无纺布或者其他具有临时隔水、排水功能的材料就成了较好的选择（图 4-2）。

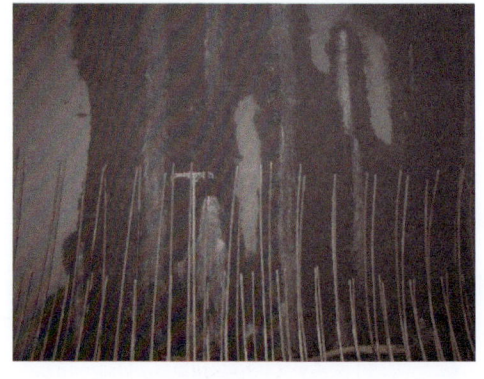 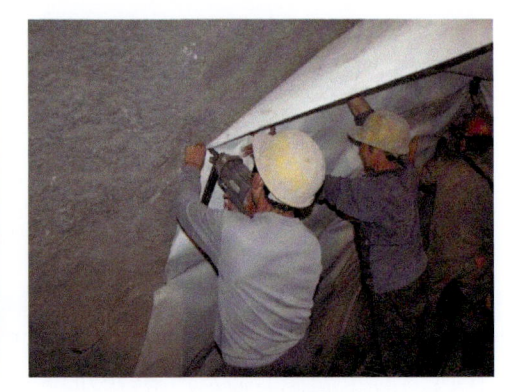

(a) 基面渗水　　　　　　　　　　　　　　　　(b) 铺挂排水层

图 4-2　基面渗水及处理措施

（3）基面积水。通常情况下由于仰拱的部位处于隧道的最低点，往往存在底部渗水和积水难以抽排干净的问题，对施作找平层和喷涂防水层都有较大的影响。根据部分工程中的应用经验，在仰拱部位应先铺设一层具有临时隔水功能的复合土工膜（图4-3），土工膜底部还宜设置临时导排水设施，将底部积水隔离后引排至临时抽水点排出，以保证喷涂防水材料的正常固化。

(a) 基面积水　　　　　　　　　　　　　　　　(b) 隔排水措施

图 4-3　基面积水及处理措施

（4）基面附属物。初期支护基面上可能会有注浆导管、锚杆头等（图4-4），为避免这些凸出物对防水层造成的损伤或者穿透，初期支护基面出露的锚杆或者注浆管需要在铺挂无纺布或者喷涂砂浆找平层前齐根切掉并砸平。对于一些必须要伸入二次衬砌内的设施（如电力隧道的托架预埋件），则应对其根部进行妥善的渗漏处理后再喷涂防水层封闭。

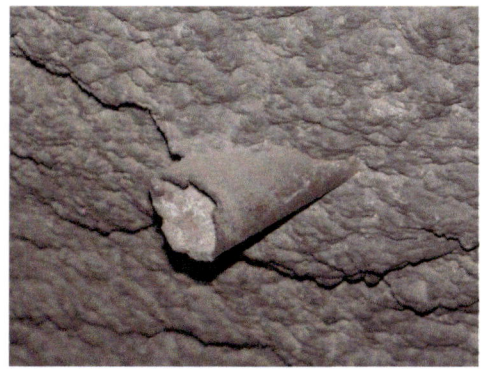

(a) 基面突出物　　　　　　　　　　　　　　　(b) 基面突出物处理

图 4-4　基面附属物及处理措施

（5）基面平整度。初期支护基面平整度目前通常要求控制在 $D/B<1/6$（D 为局部最大凹陷深度、B 为凹陷面最大宽度），但施工现场往往不易达到，因此要求铺设无纺布层或 HDPE/LDPE 薄膜时通过加密钉距的方法尽量与基面密贴（图4-5），以防止局部绷紧，避免在二次衬砌混凝土浇筑过程中撕裂喷涂防水层。在基面用砂浆找平的情况下，防水层可与基面密贴，此问题能得到改善。

4.1.3 喷枪操作控制参数

目前，国内隧道工程喷涂防水施工已经全面采用了各类成熟的喷涂设备，但总体上来看，国内隧道喷涂防水施工还是以人工操作喷枪的方式为主，此处对人工操作喷枪的一些参数进行说明。

（1）喷射角度。在进行大面喷涂时，要求喷枪与基面保持垂直，能得到较为均匀的成膜质量，回弹率也能得到一定控制。在基面局部凹凸不平、表面有凸出

图 4-5　基面铺挂 HDPE 薄膜固定点

物、局部存在缺陷等情况下，喷射人员可以根据情况适当调整喷射角度。

（2）喷射距离。喷嘴至基面的距离过大时会造成雾化喷涂防水材料液料飞散面积过大，不易控制，对防水层形成质量造成影响；距离过小时，又会使得喷涂防水材料液料与基面碰撞后回弹增加。一般情况下，喷射距离为 40～60cm 时喷涂效果较好。

（3）喷枪运动轨迹。目前，用于隧道工程喷涂防水喷枪的喷嘴大致可以分为圆形和扇形两种，这两种喷嘴的运动轨迹有一定区别。圆形喷嘴喷枪宜采用螺旋形轨迹，扇形喷嘴喷枪则宜采用直线形轨迹（图 4-6）。以上两种运动轨迹均应保证基面同一部位被多次重复喷涂覆盖，以减少单次喷涂可能存在的缺陷。

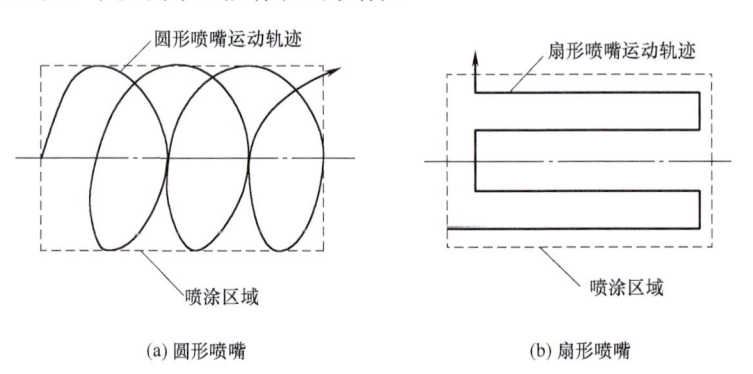

(a) 圆形喷嘴　　　　　　　　　　　　　(b) 扇形喷嘴

图 4-6　喷嘴平面运动轨迹示意图

4.1.4 喷涂防水施工工艺要求

在隧道内形成连续的喷涂防水层还需要解决防水层喷涂基面分区及喷射顺序和方向、相邻区段内的防水层搭接、缺陷喷涂防水层的修补、喷涂防水层的养护和保护等主要施工工艺问题。

（1）防水层喷涂基面分区及喷射顺序和方向。隧道内喷涂防水施工时需要分段前进，每段长度以施工台架的长度为宜。在单段喷膜基面内，同一台架层上也应将基面分块进行喷膜，以减少喷射人员在台架上的移动距离。进行喷涂作业时最好按照由下而上、先边墙后拱顶的原则进行，以减少上部回弹物附着在基面上的影响。图 4-7 表示了在隧道内进行喷涂时的分区、分块及前进方向，其中 w 为单个分区的宽度，一般为 1.5～2m；h 为单

・57・

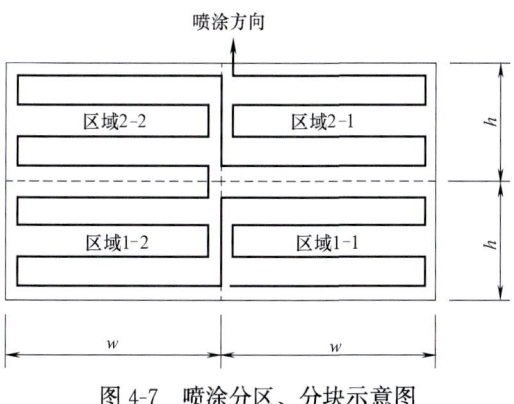

图 4-7　喷涂分区、分块示意图

个分区的高度，一般可取 1m。

（2）相邻区段喷涂防水层搭接。在喷涂下一区段的防水层时，应对前一段喷涂防水层的接头部位进行清洗以保证其表面清洁，前后防水层的搭接长度不小于 10cm，以形成有效的搭接。

（3）缺陷喷涂防水层修补。对低于标准厚度的防水层应进行补喷，喷涂覆盖面要求无渗水或其他如油渍、干燥粉尘等，否则应进行冲洗处理；对防水层表面出现蜂窝、针眼等情况，应将局部防水层割掉后补喷修复，缺陷边缘须喷满并超过边缘 50mm；对接缝不良的情况，应将搭接处的防水层割掉然后重新补喷，覆盖边缘需达到 50～100mm。

（4）喷涂防水层养护。喷涂防水材料的充分固化通常都需要一定的时间和环境条件，在环境条件比较恶劣（如高海拔地区）或者二次衬砌浇筑滞后的情况下，还需要采取一定的措施（如喷水或及时施作保护层封闭等）对喷涂防水层进行养护，以保证其性能不降低。

（5）喷涂防水层保护。在仰拱部位的防水层上应浇筑 50mm 厚的细石混凝土保护层，以防止绑扎仰拱钢筋时对防水层造成损伤以及隧道其他施工环节对防水层的破坏；对拱墙部位的防水层则应注意在钢筋绑扎过程中造成的穿刺损伤，并应及时进行修补。

4.1.5　喷涂防水层质量检验与验收

喷涂防水层质量的检验项目可以分为主控项目和一般项目两类，每种喷涂防水材料的性能特点、施工要求可能存在差异，因此检验项目与验收要求也可能会有差别，但通常都包括如下的项目：

（1）主控项目主要包括喷涂防水层的性能检验、现场施作质量检验等内容。喷涂防水层的性能检验可在施工现场选取平整基面喷涂制样，送第三方检验机构进行测试；喷涂防水层现场施作质量检验项目主要包括防水层厚度、防水层外观、有无出现渗漏水等，分批次或者全部进行检查和验收。对于具有自愈功能的喷涂防水材料，可以在现场采用比较简便的针刺法进行厚度的检验（图 4-8）。

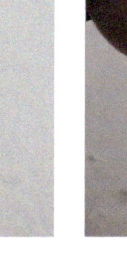

(a) 刺入直抵基面　　　　　　　　(b) 记录刺入深度　　　　　　　　(c) 量测刺入深度

图 4-8　针刺法检验喷涂防水层厚度

· 58 ·

第4章　隧道工程喷涂防水施工技术

（2）一般项目包括对各类设计与施工文件、产品合格证、质量检验报告的要求和检查，以及对细部构造处的防水质量进行检查和验收等。

4.2　喷涂防水施工实施细则

此处主要结合喷涂速凝橡胶沥青防水材料在明挖隧道工程中的喷涂施工技术要点，总结了相关的施工实施细则。丙烯酸盐喷膜防水材料及其他隧道工程喷涂防水材料的施工实施细则与之相似，此外，在本书的工程案例章节中也有一些相关的喷涂防水施工方面的内容介绍，此处不进行赘述。

4.2.1　一般性要求

1. 基本规定

（1）喷涂防水施工单位应具有专业施工资质，作业人员应持证上岗。

（2）施工前，应通过图纸会审和现场勘察，明确细部构造和技术要求，并应编制施工方案。

（3）喷涂防水涂料进场后应抽样复验，并应提供检验报告，严禁使用不合格材料。

（4）喷涂防水施工，应遵守过程控制和质量检验程序，并应有完整的检查记录。

（5）喷涂防水层完成后，应在进行下一道工序前采取保护措施。

2. 施工要求

（1）施工环境温度宜在5℃以上，冬期施工应采取相应措施，雨天、雪天及4级风以上天气不宜实施露天作业，基层表面有积水、积雪、积冰时不应该施工。

（2）基面应进行除尘除污和找平处理，基面应无疏松、起砂、起皮等现象。基面处理经验收合格后方可进行防水施工。

（3）喷枪应垂直于基面喷涂，喷涂时应按照先细部、后整体的喷涂顺序连续作业，多次交叉喷涂，达到设计厚度要求。在立面或坡面施工时，喷枪应按照从下到上、由低到高的顺序喷涂。两次喷涂作业面之间的搭接宽度不应小于100mm。

（4）喷涂后应该静置12h以上，保证防水层固化完全后，方可进行下道工序施工。

（5）应按设计要求，在结构变形缝、施工缝等复杂部位进行加强层施工。

4.2.2　施工工艺流程

以智能化喷涂为例，进行喷涂防水作业时，其施工工艺流程如图4-9所示。人工喷涂作业的施工工艺流程与之类似。

4.2.3　施工步骤

1. 明挖法结构（放坡开挖）

对明挖法结构（放坡开挖）进行喷涂防水时，需要与结构的修建顺序衔接：先施工结构底部的防水层，然后进行侧墙、顶板的防水层喷涂。明挖法结构（放坡开挖）喷涂防水的主要施工步骤如图4-10所示。

・59・

隧道喷涂防水技术及工程实践 ·········

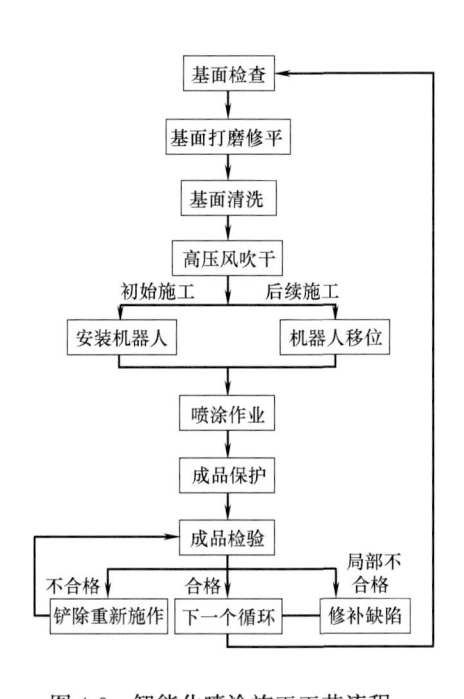

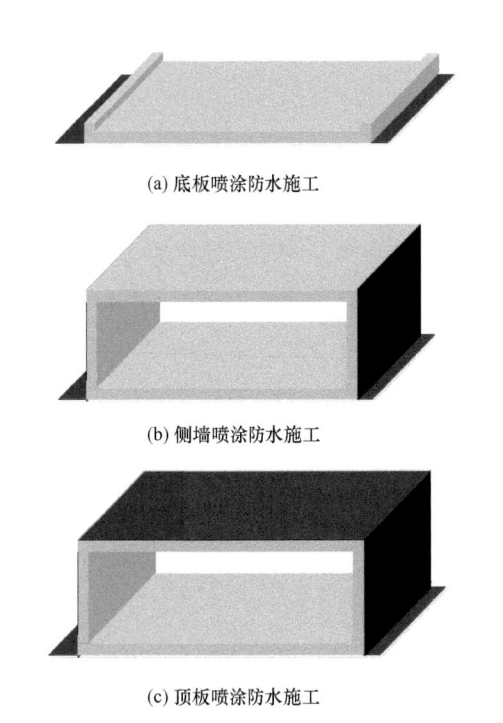

(a) 底板喷涂防水施工

(b) 侧墙喷涂防水施工

(c) 顶板喷涂防水施工

图 4-9　智能化喷涂施工工艺流程　　　图 4-10　明挖法结构（放坡开挖）喷涂防水施工步骤

2. 明挖法结构（带围护结构）

当有围护结构时，明挖隧道结构的防水施工顺序和放坡法施工有一定区别，其喷涂防水施工顺序也和结构的施工顺序相适应。主要施工步骤如图 4-11 所示。

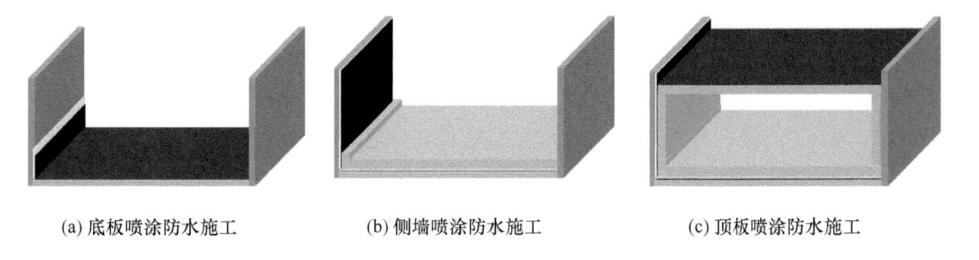

(a) 底板喷涂防水施工　　　　(b) 侧墙喷涂防水施工　　　　(c) 顶板喷涂防水施工

图 4-11　明挖法结构（带围护结构）喷涂防水施工步骤

3. 矿山法隧道

在矿山法隧道洞内进行施工时，需要结合防水作业台架，在洞内逐段、分层开展喷涂防水作业。隧道内一个区段的喷涂防水作业分为两个分区：仰拱及墙脚，边墙加拱顶（图 4-12）。

4.2.4　施工机具设备

1. 人工喷涂设备

采用人工喷涂时，需要采用专用喷涂设备，也包括其他设备机具和满足人工喷涂各种

· 60 ·

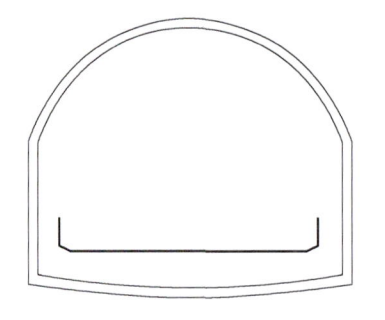
(a) 仰拱及墙脚喷涂防水

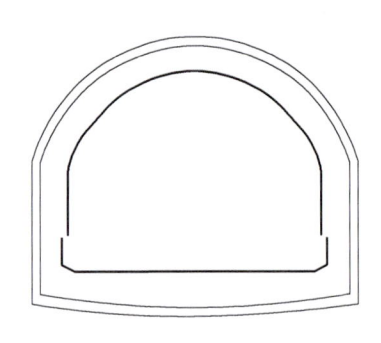
(b) 边墙加拱顶喷涂防水

图 4-12　矿山法结构喷涂防水施工步骤

功用的施工工具。此外，从事施工喷涂作业人员的防护设施也是人工喷涂必不可少的设备。

（1）喷涂设备。包括专用喷涂机、高压软管和喷枪（图 4-13）。

(a) 汽油喷涂机

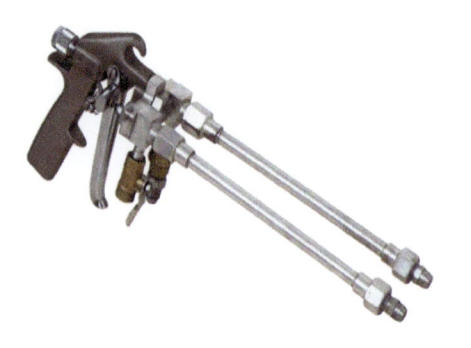
(b) 喷枪

图 4-13　人工喷涂设备

（2）设备机具。包括搅拌器、配料桶、过滤网、汽油桶、汽油、机油、高压泵及水枪、温湿度计、照明灯、电源线、热风机、风力清扫机、电镐、工具箱及备件。

（3）施工工具。包括锤子、胶滚、刮板、毛刷、腻子刀、剪刀、铁锹、扫帚、塑料桶、手提强光灯、抹布等。

（4）防护装备。包括安全帽、防护服、安全带、安全绳、乳胶手套、风镜、工作靴、雨靴、雨衣、对讲机等。

2. 智能化喷涂设备

当明挖隧道防水层采用智能化喷涂时，主要施工设备为智能化喷涂设备（图 4-14）。

4.2.5　施工准备

1. 常规准备工作

（1）基层应坚实、平整和干燥，不得有浮浆、孔洞、裂缝、灰尘、油污等，否则应进

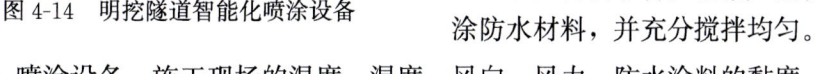

图 4-14　明挖隧道智能化喷涂设备

行打磨、除尘和修补。转角部位应抹成圆弧，圆弧半径宜为 50mm。

（2）施工前应对作业面外易受施工飞散物料污染的部位采取遮挡措施。

（3）喷涂防水作业应选用适用的喷涂设备。

（4）喷涂作业前，应根据喷涂设备、现场环境条件等进行试喷。

（5）材料准备。根据产品说明书配制喷涂防水材料，并充分搅拌均匀。

（6）喷涂设备，施工现场的温度、湿度、风向、风力，防水涂料的黏度、涂膜的厚度要求和施工人员的习惯，均有可能影响喷涂效果。正式施工前，通过试喷调整料泵的压力、喷枪的移动速度可保证涂膜的厚度及其均匀性和质量。

2. 明挖结构基面处理

喷涂施工之前，首先应检查喷涂基面是否满足要求，否则需要对其进行处理，常见的处理措施包括（图 4-15）：

(a) 基面表面浮浆打磨

(b) 打磨后灰尘清理

(c) 环氧砂浆基面修补

(d) 监理工程师验收基面处理

图 4-15　基面处理施工

（1）对施工完毕的基面进行检查和处理，对于凸出部位进行凿除、铲除和磨平，对于凹槽部位采用聚合物砂浆（如环氧砂浆）等与基面混凝土粘结性强的材料进行修平。

（2）对处理平整的基面采用高压水枪冲洗，去除影响防水施工质量的浮尘、异物、污痕等。

（3）采用高压风吹干清洗完毕的基面，消除有明水的部位和区域。

3. 暗挖结构基面处理

暗挖结构的初期支护基面情况相对要复杂一些，需要对基面进行妥善处理，且通常还需要铺挂隔离层后再进行喷涂防水作业。

（1）对基面外露的锚杆头、钢筋头、螺栓、注浆管等突出物应予以割除，并用砂浆抹平。

（2）基面存在较大渗水的情况对喷涂防水作业有影响时，需要对渗水进行引排或注浆堵漏处理。

（3）宜在初期基面铺挂一层隔离层（土工布或 HDPE/LDPE 薄膜），将喷涂基面及排水设施全部覆盖，隔离层应紧贴初期支护基面固定。

4.2.6 喷涂施工作业

人工喷涂和智能化喷涂施工的技术要点类似，主要包括：喷涂作业、异常处理、喷涂作业完毕工作、缺陷修补、搭接部位保护等方面。相比人工喷涂，智能化喷涂施工还需要对智能化喷涂设备进行现场组装、试机、移动等操作。

1. 人工喷涂

（1）喷涂作业。正式施工前先进行试喷，质量满足要求方可大面积施工。人工喷涂作业时，喷枪宜垂直于喷涂基层，距离宜保持在 400～500mm，并匀速移动。按照先细部构造后整体的顺序连续作业，一次多遍，交叉喷涂至设计厚度；在立面或坡面施工时，喷枪应按照从下到上、由低到高的顺序喷涂。大面积喷涂作业宜分区完成，两次喷涂接槎宽度不应小于 150mm。

（2）异常处理。喷涂时注意随时检查温度、工作压力等参数及涂层状况，当出现异常情况时，应立即停止作业，并保护好施工接槎部位以防止污染，检查并排除故障后再继续作业。

（3）喷涂作业完毕工作。喷涂作业完毕后，应按照使用说明书的要求检查和清理机械设备，并妥善处理剩余物料。

（4）缺陷修补。喷涂后 24h 内，由专职人员检查和修补孔洞、翘边、缝隙、人为踩踏、机械划伤等。在防水层存在问题或缺陷的部位，应及时进行修补。

（5）搭接部位保护。对预留的防水搭接部位进行保护，防止搭接部位污染，影响整体防水效果。

2. 智能化喷涂

智能化喷涂施工的技术要点与人工喷涂类似，以下仅对两种喷涂方式有区别的技术要点进行说明：

（1）根据施工需要制造喷涂机器人并在工厂进行拼装和喷涂试验，合格后运至施工现场。

（2）对于初始施工的段落，在处理完毕的基面上安装喷涂机器人，对继续施工的段落将机器人移动至处理完毕的基面处。

（3）利用机器人进行喷涂作业，可采用遥控方式或电脑全自动方式。

（4）对施工完毕的部位进行成品保护，可覆盖无纺布或者编织物等。

（5）成品聚合破乳后对成品进行检验，合格后方可进行下一循环施工，对局部不合格的进行缺陷修补，对大部分不合格或材料化学性质出现问题的应铲除后重新施作。

4.2.7 缺陷修补

喷涂完成后，应对涂膜防水层的质量进行全面检查，当发现涂膜厚度、表观质量存在缺陷时，应及时进行修补。

修补涂层时，应先清除损伤及粘结不牢的涂层，并应将缺陷部位边缘 100mm 范围内的涂层及基层清理干净。单个修补面积小于或等于 250cm^2 时，可采用与喷涂防水层同材质的涂刷型防水涂料修补；单个修补面积大于 250cm^2 时，宜采用喷涂防水材料修补。修补处的涂层厚度不应小于已有涂层的厚度，修补涂层与原涂层的搭接宽度应大于 100mm，且表面质量应符合设计要求。

4.2.8 成品保护

（1）喷涂作业完工后，不得直接在涂层上凿孔、打洞、被利器划伤或重物撞击。涂层施工完 6～12h 后可进行下道工序。

（2）施工过程中及完成后，不得在防水层上放置材料或用作施工运输车道。

（3）防水层部位预埋的管道，在施工中不得碰损或堵塞杂物。

（4）在整个施工过程中不得穿硬底鞋踩踏，不得使用尖锐利器或其他物品撞击。

（5）在防水层后续施工过程中，如不慎破坏了防水层，应及时采取补救措施。

（6）指定成品保护负责人，明确责任范围，必要时派专人巡视施工现场。

（7）严禁在未进行成品保护的防水层上拖运重型器物和设备。

（8）防水涂料养护期间严禁在其上部走动、踩踏。

4.2.9 施工质量验收

喷涂防水层的质量验收程序和组织应符合相关标准的规定，主要的检验项目及要求见表 4-2。

喷涂防水层质量检验项目及要求　　　　　表 4-2

类别	项目	检验方法	检验要求	检测工具
主控项目	防水层的平均厚度	针测法或取样测量	每 100m^2 抽查 1 处，每处 10m^2，且检验批的总抽样检验数量不得少于 3 处，两点间距不少于 2m。防水层的平均厚度应符合设计要求，最小厚度不小于设计厚度的 80%	测厚仪
	原料的质量情况	检查出厂合格证、质量检验报告和进厂检验报告	防水涂料和胎体增强材料的质量，应符合设计要求	—

· 64 ·

第4章　隧道工程喷涂防水施工技术

续表

类别	项目	检验方法	检验要求	检测工具
一般项目	防水层的收头情况	观察检查	防水层的收头应采用逐渐薄喷处理	—
	铺贴胎体增强材料平整情况	观察和尺量检查	铺贴胎体增强材料应平整顺直,搭接尺寸应准确;胎体增强材料搭接宽度的允许偏差为±10mm	卷尺

喷涂作业完成后,应组织相关人员对防水作业进行验收,填写验收单。全部工程竣工验收后,及时将材料检测报告、技术变更等技术文件资料进行整理并归档。归档的技术资料通常包括:

(1) 喷涂防水工程的设计文件。

(2) 喷涂防水材料、隔离层材料等主要材料的产品合格证、质量检验报告、进场复检报告、现场施工质量检测报告。

(3) 喷涂防水施工方案及技术、安全交底记录。

(4) 喷涂防水施工工艺记录和施工质量验收记录。

(5) 施工队伍的资质证书及操作人员的培训记录。

(6) 异常情况处理、技术总结报告等其他必须提供的资料。

4.2.10　安全与环保要求

1. 安全要求

(1) 建立喷涂防水施工工艺安全生产教育培训制度,凡进入施工现场的管理人员和操作人员,未经安全生产教育培训的,不得上岗作业。

(2) 建立完善的交接班制度。在交接班时,交班人将本班组的施工情况及有关安全事宜及措施向接班人详细交代,并记载于交接班记录本上,工地值班负责人(领工员)应认真检查交接班情况。每班开工前未认真检查工作面安全状况,不得施工。

(3) 喷涂施工现场用电必须按照《施工现场临时用电安全技术规范》JGJ 46—2005执行。

(4) 做好施工前期准备工作,开工前,技术负责人要将工程概况、施工方法、安全技术措施等情况向全体职工进行详细交底,班组每天要向工人进行施工要求、作业环境的安全交底。

(5) 施工全过程中加强现场监控,必要时暂停施工并及时做好应急处理。

(6) 施工现场标有明显的安全警示牌,确保施工一线人员的安全。

(7) 施工现场的人员必须正确戴好安全帽,系好下颏带;按照作业要求正确穿戴个人防护用品,着装要整齐;在没有可靠安全防护设施、大于等于2m的高处施工时,必须系好安全带。

(8) 施工机械、机具和电气设备在安装使用前应按照安全技术标准进行检测,经检测

· 65 ·

合格后方可安装，经验收确认状况良好后才可运行。在使用期间进行定期和不定期的抽检，发现技术指标和安全性能不能满足施工安全需要的产品，立即停止使用，经检修合格或更换后方可继续使用。

（9）不得穿硬底和带钉易滑的鞋，不得向下投掷物料，严禁赤脚穿拖鞋、高跟鞋进入施工现场。

（10）装卸溶剂的容器，不准猛推猛撞，使用容器后，容器盖应盖严密。下班清洗工具，未用完的溶剂必须装入容器，并将盖子盖严密。

（11）材料存放于专人负责的库房，严禁烟火并挂有醒目的警告标志及消防器材。

（12）项目部成立应急救援小组，并制定应急预案，专门对各部分有可能出现事故的地方进行提前预防，当出现事故后立刻进行最有效的救护处理，同时和相关单位紧密联系，请求援助。

2. 环保要求

（1）要从各级领导重视做起，在全体参建工人中认真开展环保法规的学习，结合施工地区自身环境特点，制定切实可行的管理章程，重视环保法的落实，增强职工环保意识。

（2）指定专人负责施工现场和施工活动的环境保护工作，完成施工环保设计方案和环保工作方案中的各项工作。

（3）将环保工作和责任落实到岗位、个人，日常施工中随时检查，出现问题及时纠正。

（4）对固定的机械设备，设置隔声围蔽。以减少噪声扩散，避免噪声扰民。

（5）施工期间，施工物料应严格堆放管理，防止在雨季或暴雨时将物料随雨水径流排入地表及附近水域造成污染。

（6）施工机械、车辆清洗等产生的污水和生活污水利用临时沟排入污水坑内，不得排入河渠或农田。运输车辆机具做到定点清洗。

（7）施工废水排放满足《污水综合排放标准》GB 8978—1996 的要求。

（8）严禁在施工现场焚烧任何废弃物和会产生有毒有害气体、烟尘的物质。

（9）水泥等易飞扬细颗粒材料尽量安排在库房存放。

（10）材料库剩余料具、包装及时回收、清退；对可再利用的废弃物尽量回收利用；各类垃圾要及时清扫、清运、不得随意倾倒，做到每班清扫、每日清运。

第5章 ▶▶

隧道工程喷涂防水设备

目前，常见的隧道工程防水涂料喷涂作业方式主要是人工喷涂，需要将喷涂防水设备移动就位后，操作人员站在防水台车上的平台上手持喷枪进行喷涂。其存在的问题是喷涂效率低、施工进程缓慢，并且人工成本高、风险大，喷涂的均匀性和厚度不易达到要求，喷涂工作对操作人员的健康存在损害，导致隧道喷涂施工中的风险和成本均较高。因此，近年来在人工喷涂设备的基础上，也开发出了智能化喷涂设备，大大提高了施工效率及降低了施工风险和成本。

5.1 喷涂设备原理及选型

目前，在喷涂领域应用比较成熟的喷涂设备主要分为三种类型：空气喷涂设备、高压无气喷涂设备及空气辅助无气喷涂设备。下面分别就这三种喷涂设备的原理及特点进行分析比较。

5.1.1 空气喷涂技术

1. 技术原理

空气喷涂技术的原理是利用压缩空气从空气帽的中心孔喷出，在物料喷嘴前形成负压区（图5-1），使容器中的物料从物料喷嘴喷出，并迅速进入高速压缩空气流，使液-气相急剧扩散，物料被微粒化，物料呈雾状飞向并附着在被涂物表面，迅速集聚成连续的物料膜。

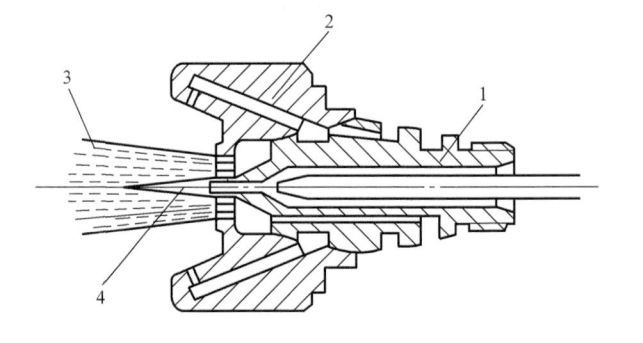

图 5-1 空气喷涂喷枪枪头工作原理
1—物料喷嘴；2—空气帽；3—空气喷射；4—负压区

2. 技术特点

（1）涂装效率高：每小时可喷涂 50～100m²，比刷物料快 8～10 倍。

· 67 ·

隧道喷涂防水技术及工程实践

（2）适应性强：几乎不受涂料品种和被涂物形状的限制，可以适用于各种涂装作业场所。

（3）成膜质量好：所获得的涂料膜平整光滑，可达到最好的装饰性。

（4）物料飞散：空气喷涂时物料易飞散，污染环境，物料损耗大，物料利用率一般在50%左右，甚至更少。

5.1.2 高压无气喷涂技术

1. 技术原理

高压无气喷涂的工作原理如图5-2所示，将涂料施加高压（通常为11～25MPa），使其从涂料喷嘴喷出，当涂料离开涂料喷嘴的瞬间，便以高达100m/s的速度与空气发生激烈的高速碰撞，使涂料破碎成微粒，在涂料粒子的速度未衰减前，涂料粒子继续向前与空气发生多次碰撞，涂料粒子不断被粉碎，使涂料被雾化，并粘在被涂物的表面。

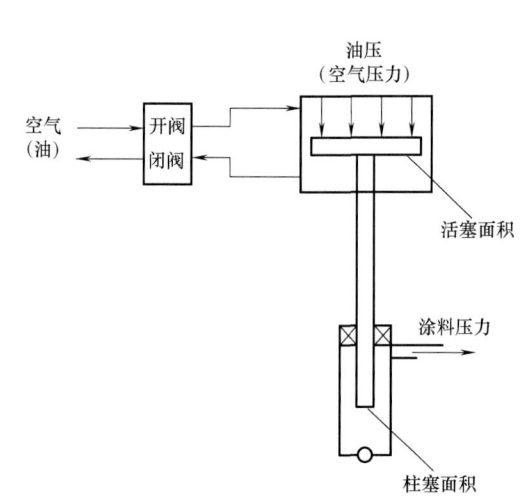

图5-2 高压无气喷涂工作原理

2. 技术特点

（1）喷涂效率高：无气喷涂的效率比空气喷涂高3倍以上。

（2）对涂料黏度适应范围广：可以喷涂黏度较低的普通涂料，也适应喷涂高黏度的涂料，可以获得较厚的物膜，减少喷涂次数。

（3）成膜质量好：无气喷涂可避免压缩空气中的水分、油滴、灰尘对漆膜所造成的弊病，可以确保物膜的质量。

（4）减少对环境的污染：由于不使用空气雾化，涂料雾化后飞散少，且涂料的喷涂黏度较高，稀释剂用量少，因而减少了对环境的污染。

（5）涂料喷出量和喷雾图形幅宽不可调：由于无气喷枪没有涂料喷出量和喷雾图形幅宽调节机制，只有更换涂料喷嘴才能达到调节的目的，所以在喷涂作业过程中不能调节涂料喷出量和喷雾图形幅宽。

5.1.3 空气辅助无气喷涂技术

1. 技术原理

空气辅助无气喷涂技术利用无气喷嘴及空气喷涂式的气帽（图5-3），让少量低压雾化空气进入气帽两侧，产生均匀的喷幅，使漆雾变得非常柔软细腻，材料浪费减少，且可获得较高的喷涂效率和优异的饰面。该类型的设备集中了无气喷涂和空气喷涂的特点，一方面像无气喷涂一样可以喷涂黏度较高的涂料，喷涂效率高，能获得较厚的物膜；另一方面像空气喷涂一样，雾化效果好，漆膜装饰性好；且抑制了成膜材料雾化飞散，节省了涂料，并改善了喷涂作业环境。

68

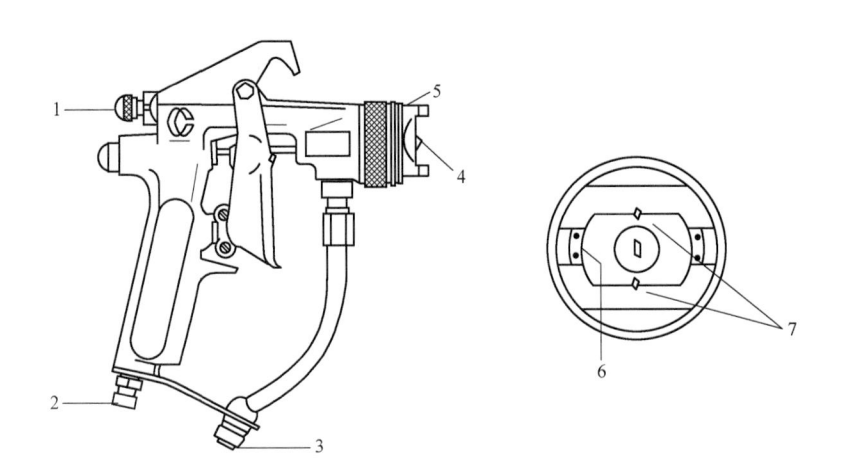

图 5-3 空气辅助无气喷涂喷枪的构造

1—喷雾图形调节装置；2—空气管接头；3—涂料管接头；4—涂料喷嘴；

5—空气帽；6—雾化空气孔；7—调节喷雾图形空气孔

2. 技术特点

（1）喷涂压力低：无气喷涂涂料压力通常都在 10MPa 以上，空气辅助无气喷涂涂料压力为 4～6MPa，能延长高压泵和喷枪的使用寿命，还可以降低涂料输送管道的耐压强度要求。

（2）雾化效果好：无气喷涂漆雾粒径为 120μm，空气喷涂漆雾粒径为 80μm，而空气-无气喷涂漆雾粒径为 70μm，由于漆雾粒子细，可以提高漆膜的装饰性。

（3）涂装效率高：由于空气-无气复合喷涂漆雾飞散少，因而涂装效率高。喷涂平板状的被涂物时，空气辅助无气喷涂的涂着率可达 75%，无气喷涂为 60%，空气喷涂为 35%。

（4）喷雾图形可以任意调整：空气辅助无气喷涂所用的喷枪设有喷雾图形调节装置，可以根据被涂物的形状任意调整图形幅宽。无气喷涂没有喷雾图形调节装置，不能任意调节，必须借助更换配料喷嘴调整喷雾图形幅宽。

5.1.4 喷涂设备比选

通过分析空气喷涂技术、高压无气喷涂技术和空气辅助无气喷涂技术的原理和特点，可将上述三种喷涂方式进行对比，见表 5-1。

三种喷涂技术特点对比   表 5-1

对比项目	空气喷涂技术	高压无气喷涂技术	空气辅助无气喷涂技术
喷涂压力	较低	10MPa 以上	4～6MPa
喷涂速率	较低	高	中等
可喷涂料的黏度	低	高	中等
供料连续性	差	好	好
物料利用率(%)	小于50	60	75

续表

对比项目	空气喷涂技术	高压无气喷涂技术	空气辅助无气喷涂技术
喷雾图形可调节性	可	否	可
对压缩空气的品质要求	高	无	低
雾化效果(μm)	80	120	70
雾化飞散性	高	低	最低
设备耐压性要求	低	高	较高

由表 5-1 可知，相比较而言，高压无气喷涂的优点高于空气喷涂，然而高压无气喷涂也存在着一定的缺陷（如对设备耐压性要求高、施工中喷雾图形不可调节等），空气辅助无气喷涂刚好解决了高压无气喷涂所产生的矛盾。但是从喷射速率来说，由于可采用的喷涂压力最高，高压无气喷涂也是效率最高的一种喷涂方式，也可适用于黏度较高的涂料。高压无气喷涂设备的一些缺点可以通过采取一些措施克服（如选择合适的喷涂压力、增加设备的耐压安全性、选择合适的喷嘴等），来发挥其最大喷涂效能，因此在工程防水中通常采用无气喷涂设备进行喷涂作业。

5.2 人工喷涂设备系统

由第 1 章绪论中对喷涂防水设备的总结可知，由于不同的喷膜技术所采取的材料组分、混合方式与位置等有一定差异，因此目前各种喷涂防水材料在成型原理、施工工艺和适用的喷涂设备系统方案上也会存在区别。此处主要基于喷涂速凝橡胶沥青防水材料的特点，对相关喷涂设备的技术要求进行介绍。

5.2.1 喷涂成膜方式

喷涂速凝橡胶沥青防水材料由橡胶沥青乳液及促凝剂 A、B 两种组分组成的，其中橡胶沥青乳液（A 组分）为主剂，由超细、悬浮、微乳型的改性阴离子乳化沥青和合成高分子聚合物配制而成，促凝剂（B 组分）为电解质配制成的水溶液。因此根据其成膜的方式（图 5-4），需要选用相应的双组分喷涂设备进行作业。此外，为了避免双组分液体在管道或喷枪内混合后发生瞬时反应，造成管道或枪头堵塞，延误施工，宜选用枪外（空气）混合的方式，选配双喷头喷枪。

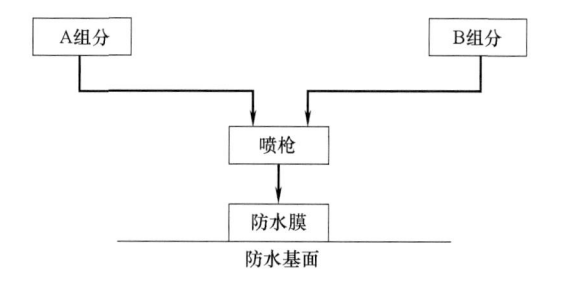

图 5-4 速凝橡胶沥青防水材料喷涂成膜方式

5.2.2　设备功能要求

结合图 5-4，对于喷涂速凝橡胶沥青防水材料的稳定、高效喷涂作业来说，喷涂设备需要具有如下主要功能：

（1）混合方式要求：由于两组溶液相遇后在很短时间内就可能会发生聚合反应，因此要求两组分的混合与喷涂同步进行，适合采用枪外混合方式。

（2）溶液输送要求：要求两组分溶液必须同步、定比例，且供液稳定，没有脉冲现象。

（3）喷涂控制要求：在喷射过程中通过简便的阀门开关控制喷射活动，如开始、暂停、停止、清洗等。

（4）动力系统要求：主机系统宜自带动力（电动或汽油驱动），满足提供稳定喷涂压力的需要，以减少现场设备配置的复杂程度。

5.2.3　设备组成部件

要实现喷涂防水设备的功能要求，该设备的主要组成部分应包括：

（1）喷射与混合系统：该设备是实现防水材料成膜工艺要求的主要设备，成膜材料的双组分主液在枪口进行瞬间混合和化学聚合反应，并随高压流喷向混凝土基层表面（或称被喷表面）。喷枪的结构将直接影响到混合方式、化学反应的速度、成膜形状及膜层的质量，因此设计良好的喷枪是喷膜技术的关键。

（2）搅拌与输送系统：该部分系统将成膜材料按成膜工艺的要求，按给定的药液比例和工作参数连续地送到喷枪，从而保证成膜工艺的顺利实施，这部分设备主要包括搅拌设备、贮液设备、管路系统、泵类、控制阀类。

（3）计量控制系统：该系统主要用于喷膜过程中各种工作参数（如流量、压力等）的监测与控制，能够显示喷膜工艺中主要工作参数和相关指标，判断成膜材料的输送是否按配方要求，可按需要随时调整相关工作参数，从而保证膜层的质量。这部分主要包括高精度的定量泵、计量设备、显示仪表以及用于控制的手动和自动的调节阀门等。

目前，在工程中使用的速凝橡胶沥青喷涂设备系统如图 5-5 所示，该喷涂设备系统由一台汽油发动机、一台主剂泵、一台固化剂泵和一把喷枪及喷枪软管组成。

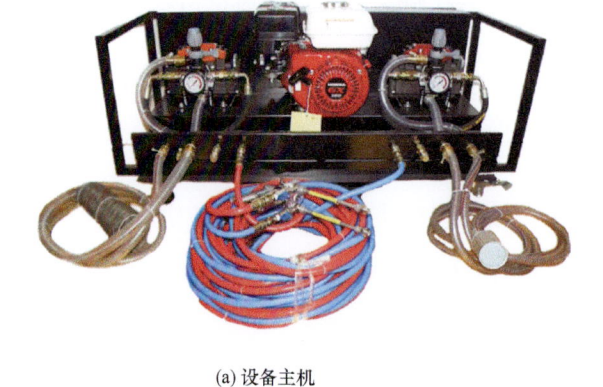

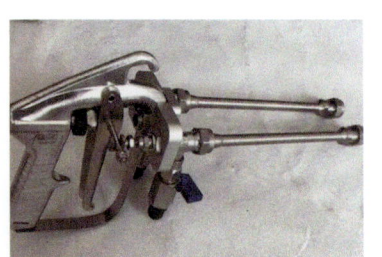

(a) 设备主机　　　　　　　　　　　　　　　　(b) 喷枪

图 5-5　双组分防水涂料喷涂设备

5.2.4 设备规格与性能参数

以某市售的速凝橡胶沥青防水材料喷涂设备为例（设备规格与性能参数见表 5-2），该设备动力源为一个 HONDA 汽油发动机，马达通过皮带盘上的传送带驱动两台泵运行。系统可应用两支喷枪同时使用，最高扬程可达到 50m，满足了施工操作方便和最小限度停机的要求。

市售某型号喷涂设备规格与性能参数 表 5-2

动力要求	HONDA 汽油机(5.5 马力)或 3 kW 三相电动机(5.0 马力)		
最大流体工作压力	435 Psi(3MPa)		
泵转数/分钟	550r/min		
传送能力	A 组分 30L/min，B 组分 20L/min		
喷枪软管	3/8"(9.5mm)	工作压力:40kg	爆破压力:160kg
设备重量	85~90kg	设备尺寸	1100mm×500mm×550mm

5.3 智能化喷涂设备开发

由于人工喷涂存在的一些问题，如喷涂效率低、喷涂的均匀性和厚度不易达到要求、喷涂工作对操作人员的健康存在损害等，因此结合实际工程的需要，一些智能化喷涂设备也得到了开发和应用。此处，以京张高铁东花园隧道工程中使用的智能化喷涂设备为例，介绍相关的技术内容。

5.3.1 设备设计要求

1. 作业要求

在明挖隧道施工过程中，先将隧道部位的岩（土）体全部挖除，然后修建洞身、洞门，修建完成后进行岩（土）体回填。当明挖隧道建造完毕后，需要对明挖隧道的洞身、洞门进行喷涂防水施工，通常是在明挖隧道的外壁进行防水材料的喷涂。东花园隧道明洞衬砌防水构造形式如图 5-6 所示。

为适应明挖隧道的喷涂防水作业要求，智能化喷涂防水设备应该包括安装轨道主体、导向轮和至少一组喷涂装置，以便满足以下喷涂作业要求：

（1）安装轨道主体为弧形结构，半径大于明挖隧道外壁的半径且与明挖隧道的外壁契合，能够通过与安装轨道主体两侧连接的导向轮沿着明挖隧道的外壁进行运动，覆盖明挖隧道纵向全长区段。

（2）导向轮的行走端与明挖隧道的外壁接触，在外力推动下，安装轨道主体在导向轮的带动下沿明挖隧道的外壁移动。

（3）在安装轨道主体上设置喷涂装置，喷涂装置能沿着安装轨道进行环向移动，有效覆盖隧道明洞横向断面。

2. 结构设计

基于上述要求，研发了明挖隧道智能化喷涂设备。该设备适用于具备喷涂作业面的明

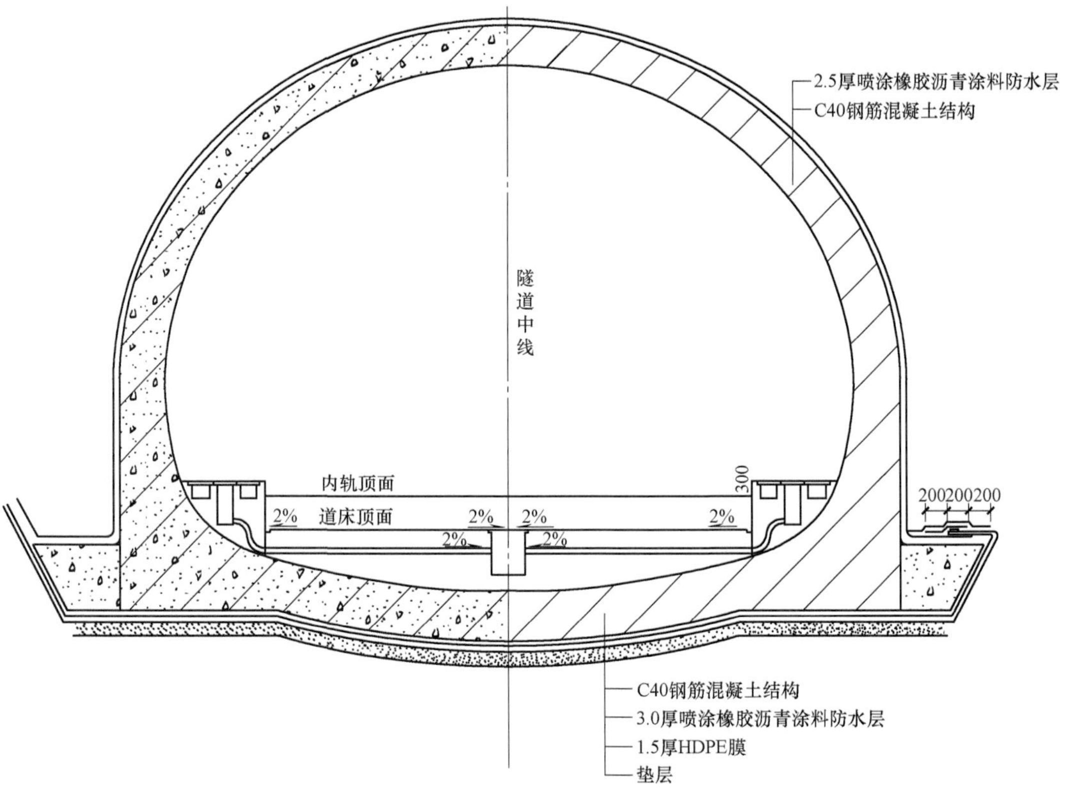

第5章　隧道工程喷涂防水设备

标注文字：
- 2.5厚喷涂橡胶沥青涂料防水层
- C40钢筋混凝土结构
- 隧道中线
- 内轨顶面
- 道床顶面
- 300
- 200200200
- 2%
- C40钢筋混凝土结构
- 3.0厚喷涂橡胶沥青涂料防水层
- 1.5厚HDPE膜
- 垫层

图5-6　东花园隧道明洞衬砌防水构造（单位：mm）

挖隧道及其他开放式建筑结构表面等，其具有安全、快速、喷涂均匀和质量好的施工特点。具体的装置结构设计如图5-7所示。

该智能喷涂设备结构具有如下主要部件和特征：

（1）包括相互连接的控制部和喷涂部：控制部的底部设有控制部滚轮，喷涂部的底部设有喷涂部滚轮；喷涂部包括平行设置的单层弧形导轨和双层齿轮弧形导轨，单层弧形导轨和双层齿轮弧形导轨之间设有若干个均匀排布的连接横梯，双层齿轮弧形导轨上滑动连接有喷涂装置。

（2）包括喷涂装置：其支架内部并列设有双排齿轮，双排齿轮与双层齿轮弧形导轨相互啮合。喷涂装置的支架上设有第二悬臂，第二悬臂上设有导轨，导轨上滑动连接有喷枪支架，喷枪支架上连接有喷枪，喷枪支架带动喷枪沿导轨滑动。智能喷涂装置上设有两个喷枪，沿垂直于所述导轨的方向平行并列设置。

（3）其他部件：单层弧形导轨和双层齿轮弧形导轨上分别设有喷涂部护栏，工作平台外部周缘设有平台护栏；智能喷涂装置的控制部滚轮设置于工作平台底部的四个顶角处，且其智能喷涂装置的涂料储存装置连接有涂料输送管路。

该设备具体包括行走机构、支撑机构、喷涂轨道、喷涂机构和喷涂轨道调整装置，喷涂轨道可移动地设置在支撑机构上，喷涂轨道与支撑机构之间设有喷涂轨道调整装置，喷涂轨道调整装置用于调整喷涂轨道的位置，使得喷涂轨道各处与隧道断面内壁距离相等。其喷涂部能够沿着施工目标的轴向方向前后匀速移动，带有喷枪的喷涂装置通过齿轮齿条

· 73 ·

隧道喷涂防水技术及工程实践

的啮合结构能够沿着施工目标的圆周方向往复滑动，喷枪本身能够通过在导轨上的滑动，实现在施工目标轴向方向上的小范围往复移动。因此，该智能喷涂装置能够沿着半圆弧形的施工目标的外部周缘均匀喷涂。

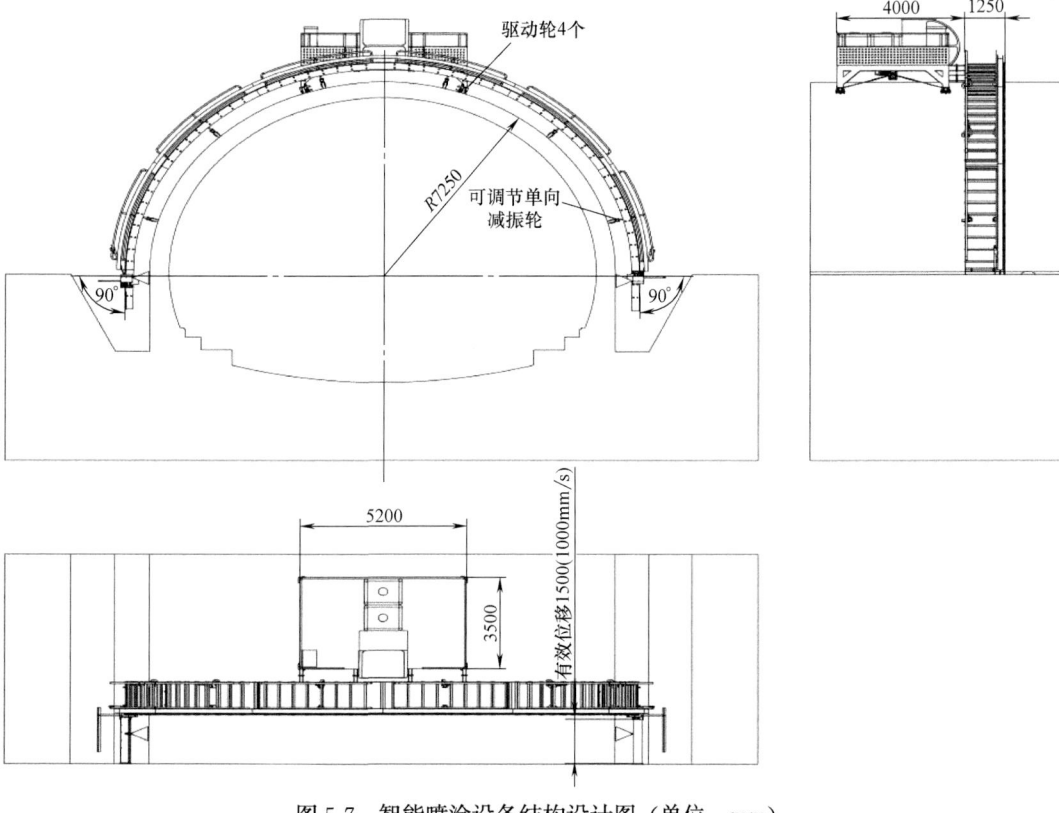

图 5-7　智能喷涂设备结构设计图（单位：mm）

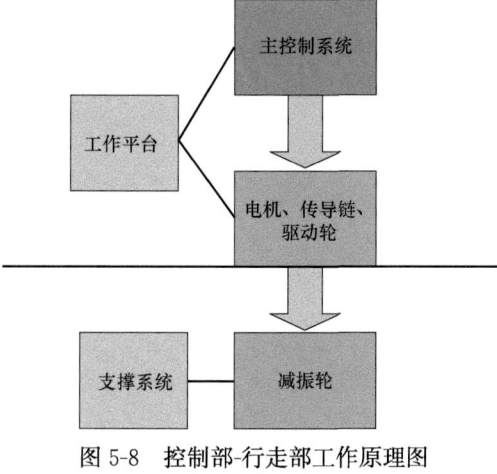

图 5-8　控制部-行走部工作原理图

3. 工作原理

该智能化喷涂设备的喷涂由控制部、行走部和喷涂部组成，其中控制部是主体，行走部和喷涂部是在控制部的控制下分别进行工作。

控制部控制行走部，通过电机和传动链条沿隧道拱顶外侧进行行走（图 5-8）。控制部控制喷涂部，设置 A 组料压力 200psi、B 组料压力 150psi；喷涂防水层的厚度按照公式进行计算：悬臂行走速度 v×喷幅宽度 L×喷枪枪嘴流量 Q＝喷涂防水层的厚度（图 5-9）。

5.3.2　设备结构组成

所研发的新型速凝橡胶沥青防水材料的智能化喷涂设备包括工作平台、控制系统、供

· 74 ·

第5章　隧道工程喷涂防水设备

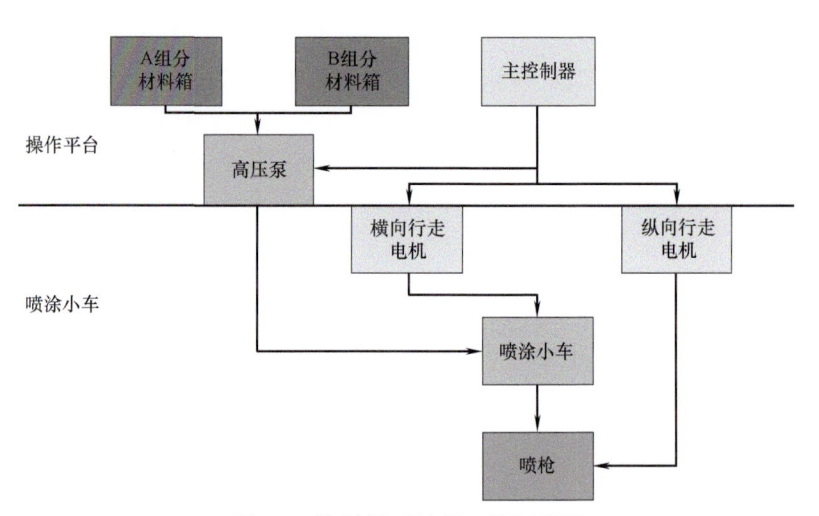

图 5-9　控制部-喷涂部工作原理图

料系统、支撑系统、走行系统和喷涂小车（图 5-10），实现了隧道明洞衬砌喷涂防水层的机械化、智能化、无人施工。

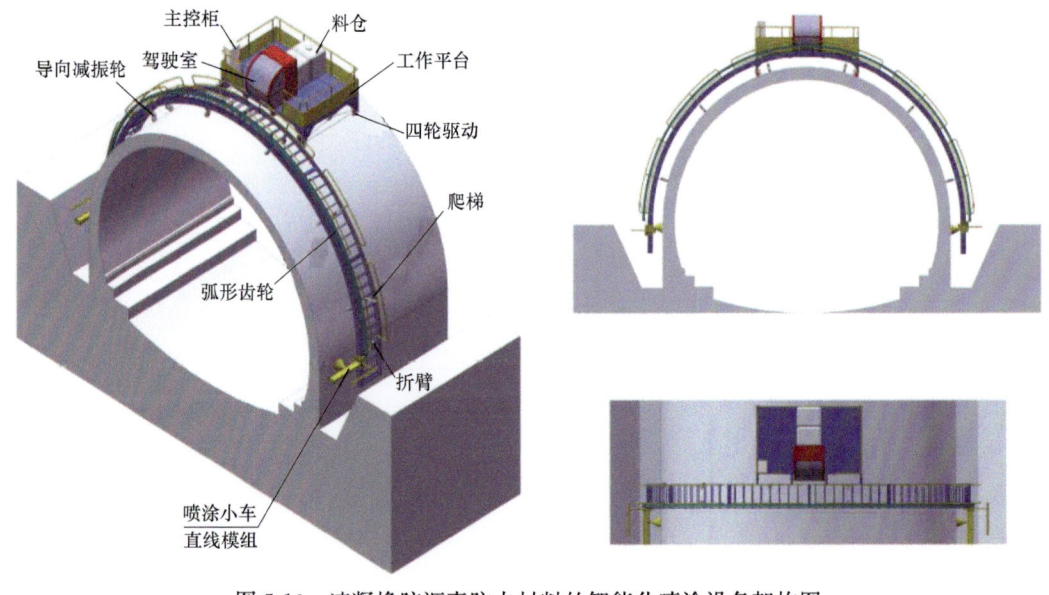

图 5-10　速凝橡胶沥青防水材料的智能化喷涂设备架构图

1. 工作平台

工作平台根据结构外观尺寸进行定制，是存放控制系统和供料系统的操作平台，周围设置护栏。

2. 控制系统

控制系统主要包括主控制器（主控柜）、主电控制柜和变频器控制柜。主控制器采用PLC控制器控制，设置触摸屏＋按钮两种控制，触摸屏可以实时输入数值进行设备基本参数设置，设有一键启动功能，自动运行喷涂、爬升、回位。支撑系统行走采用电动控制，自带纠偏功能。

• 75 •

3. 供料系统

供料系统主要包括储料容器（料仓）和输送泵，喷涂速凝橡胶沥青防水材料为双组分涂料，防水涂料主剂 A 组分为棕褐色黏稠状的水性橡胶沥青乳液，固化剂 B 组分为无色透明的破乳剂，分别装入操作平台的 2 个容器中，通过增压泵泵送涂料，增压泵由主控制器进行控制，在支撑系统上设置坦克链对管道进行保护，直达喷涂小车，并跟随小车采用回卷式移动。

4. 支撑系统

支撑系统根据结构外观尺寸进行定制，采用爬梯形式，可行走工作人员，并设置护栏。外侧采用上、下双层 U 形槽钢，在下层 U 形槽钢上设置两道齿槽作为喷涂小车的行走轨道，上层 U 形槽钢作为坦克链的行走轨道。

5. 走行系统

走行系统包括 4 个走行轮和驱动系统，在工作平台下设置 4 个驱动轮，每个驱动轮由一个电机驱动，在主控制器控制下行走，并可进行纠偏，在支撑系统下设置可调节单向减振轮随工作平台的驱动轮进行移动。

6. 喷涂小车

喷涂小车包括喷枪、传动链和驱动系统，在支撑系统上设悬挑梁，设置 4 个齿轮与支撑系统的两道齿槽进行连接，在悬挑梁上安装传动链和喷枪，设置两个电机进行驱动，一个电机驱动喷涂小车沿支撑系统行走，一个电机驱动喷枪沿悬挑梁行走。使用前测试左、右侧喷涂小车运行是否正常，爬升过程中全尺寸齿轮是否都可以顺利通过。

5.3.3 设备规格及性能参数

基于东花园隧道超长、大、深基坑明挖隧道衬砌喷涂防水研发的智能化喷涂设备，其主要规格及性能参数详见表 5-3。

智能化喷涂设备的规格及性能参数 　　　　　　　　　　　　　　　表 5-3

序号	项目	规格及性能参数	说明
1	总重量	7t	—
2	圆弧直径	15m	—
3	喷涂范围	外弧面 22m	两侧底部人工喷涂
4	喷涂时间	8min 一环	110min 一板(工作)
5	回位时间	4min(非工作)	—
6	大车行走速度	3m/min	弧面自带纠偏功能
7	设备外形尺寸	长 6m×宽 17.5m×高 11m	—
8	设备供电方式	交流 380V,总功率 10kW	—
9	控制方式	本地＋远程	自带监控系统
10	运行环境	−10～40℃	—

5.3.4 设备控制及操作使用

1. 控制方式与控制部件

智能化喷涂设备采用 PLC 控制器控制、触摸屏＋按钮控制两种方式，其中触摸屏可以实时输入数值进行设备基本参数设置，实现一键启动功能，自动运行喷涂、爬升、回位，大车行走电动控制，并自带纠偏功能。

图 5-11 分别展示了该智能化喷涂设备的按钮控制面板、控制柜内部结构、主电控制柜和变频器控制柜。

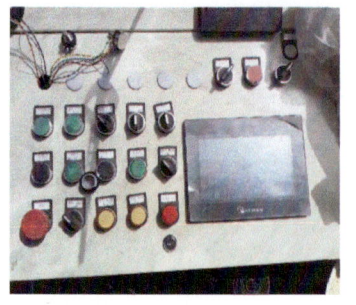

(a) 按钮控制面板   (b) 控制柜内部结构   (c) 主电控制柜和变频器控制柜

图 5-11 智能化喷涂设备的控制部件

2. 使用前的检查工作

每次使用前检查电流断路器断开闭合正常，检查电气系统、管路、线路连接正确且没有脱落、破损现象。

检查链条固定是否可靠，确认行走机构运行正常、减速箱润滑油加注正常、限位开关行程有效、两端缓冲挡板作用可靠、爬升小车运行平稳、直线模组喷涂稳定（这些项目先点动测试）。

3. 设备的操作使用流程

（1）整体起动：电控柜通电，观察确认没有异常，确认各仪表显示正常。

（2）走行操作：行走前确认工作人员在安全位置，周围没有物品干涉；操纵走行控制手柄至"前进"或"后退"位置并按实际需要控制调速手柄，喷涂装置执行相应走行动作，控制手柄回中位可实现制动停车功能。

（3）喷涂小车操作：测试左侧喷涂小车运行是否正常，右侧喷涂小车运行是否正常，爬升过程中全尺寸齿轮是否都可以顺利通过。

（4）照明与警示：照明控制配电柜内的照明断路器，警灯闪烁，控制机组的所有动作之前均应警铃提示。

（5）停机：将机组停于规定位置，所有动作回到原点；行走控制手柄在中位；断开主回路断路器，控制回路断路器、照明断路器。

5.3.5 设备喷涂实施效果

基于东花园隧道研发的智能化喷涂设备，喷涂均匀、喷涂效率高、操作简便，能够有效降低人工成本和施工的危险性。针对明挖基坑隧道外表面喷涂防水作业，通过东花园隧道施工现场及实际情况进行改进、完善、总结，研发了该智能化喷涂设备，并结合工程实施结果编写了京张铁路明挖隧道衬砌外缘喷涂速凝橡胶沥青防水材料工法，以便推广应用，提高了明洞隧道喷涂防水施工效率和质量。

具体在作业时，首先铺设行走轨道，将隧道涂料喷涂装置移动至隧道内。通过喷涂轨道调整装置调整喷涂轨道位置，使喷涂轨道各处与隧道断面内壁距离相等。根据隧道要求喷涂的厚度，设置喷涂机构的往复速度及行走机构的行走速度。将行走机构及喷涂机构位置设置在初始位置并对整个喷涂装置遥控控制，喷涂机构开始工作。喷涂过程中，行走机构偏离设定路线时，调整喷涂轨道调整装置，使得喷涂轨道各处始终与隧道断面内壁距离相等。完成一个工位后，移动到下一个工位，重复操作。由此，喷涂机构沿着喷涂轨道往复移动进行喷涂作业。

该智能化喷涂设备不仅可以实现快速喷涂、保证喷涂的均匀性和厚度的目的，而且该工法能有效缩短施工工期，解决了强富水地区明挖基坑隧道外包防水施工困难、防水效果差的难题，可保证隧道施工质量，提高施工效率，节约施工成本。具体来说，该设备的实施效果为：

（1）实现了喷涂用量精细化。自动化喷涂可以精确控制喷涂用量，喷涂厚度均匀，有效避免了人工喷涂存在的喷涂厚度不一、搭接面处理不到位等误差，极大降低了隧道出现渗漏水问题的风险。

（2）提高了施工安全性。自动化喷涂机械手代替了传统的人工手拿喷枪作业，操作人员在操作平台上进行操作，有效降低了人工在衬砌倒弧形结构上高空喷涂施工作业的危险性。

（3）有效降低了施工成本。自动化喷涂工效是人工喷涂工效的 4 倍，提高了工作效率，降低了施工成本。

第6章 ▶▶

东花园隧道喷涂防水工程案例

本章以新建北京至张家口铁路东花园隧道为例,介绍喷涂速凝橡胶沥青材料技术在明挖隧道防水工程中的具体应用。

6.1 工程概况

6.1.1 隧道基本情况

京张高铁东花园隧道位于河北省张家口市怀来县东花园镇,进口位于清水河村西北,出口位于东花园四村西北,进口里程为 DK82＋770,出口里程为 DK87＋740,全长4970m,最大埋深约9.1m。

隧址区地势平坦、开阔,隧道上方多为耕地、既有河道。隧道内纵坡为"V"字形,隧道内最大坡度为 25‰,最大开挖深度为 21.96m,全隧采用放坡明挖法施工。隧道平面位置图和纵断面示意图如图 6-1、图 6-2 所示。

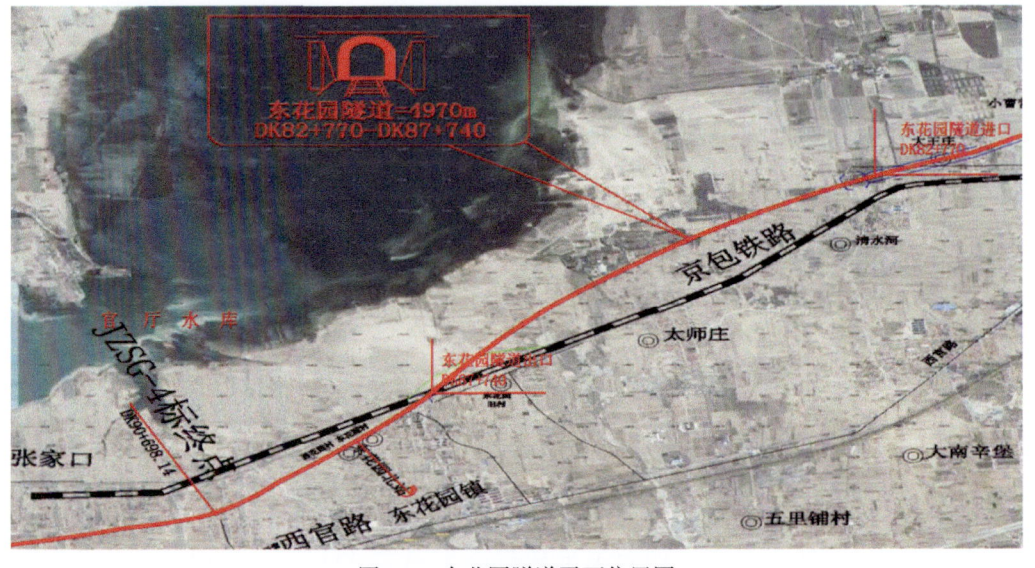

图 6-1 东花园隧道平面位置图

隧道全长为钢筋混凝土明洞衬砌,100 年设计标准。隧道外宽 14.5m,外高9.08m,最大开挖深度 21.69m,最大开挖宽度 68.94m。隧道明洞的典型横断面如图6-3 所示。

• 79 •

隧道喷涂防水技术及工程实践

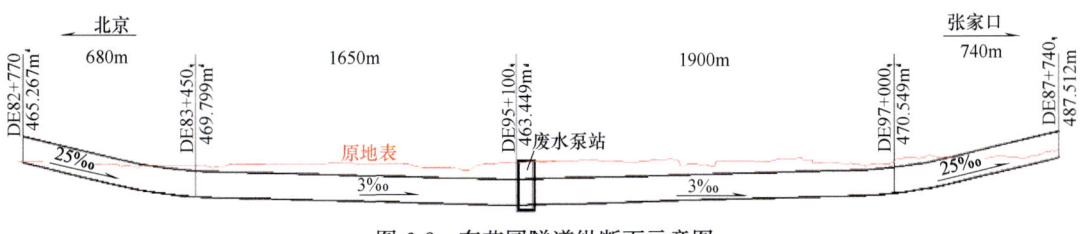

图 6-2　东花园隧道纵断面示意图

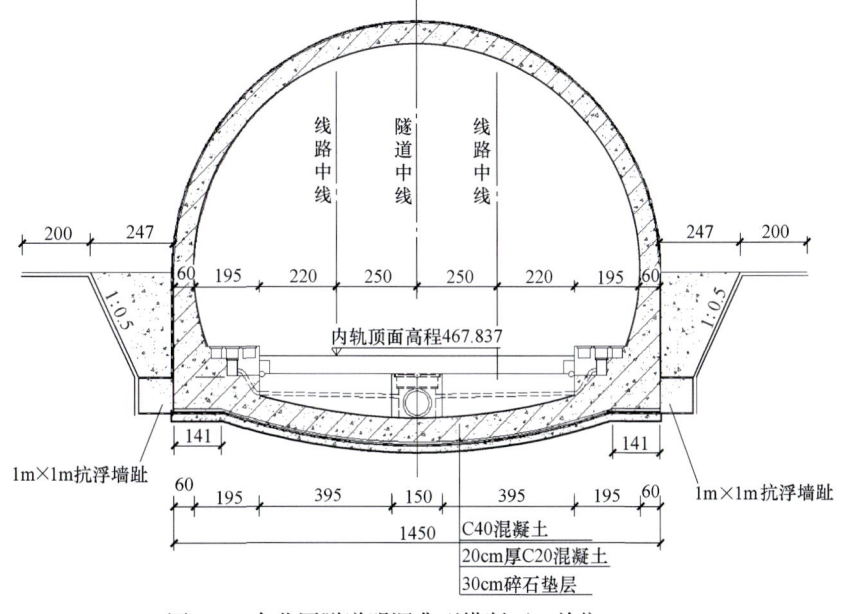

图 6-3　东花园隧道明洞典型横断面（单位：cm）

6.1.2　工程地质条件

1. 地形地貌

隧址位于怀来盆地，地势平坦、开阔，线路两侧多为耕地，现阶段地表植被发育。大里程侧临近既有京包线。

2. 地质构造

拟建工程位于中朝准地台二级构造单元燕山台褶带，属阳原-怀来复背斜构造的一部分，阳原—怀来复背斜为一开阔的复背斜，轴向北北东向。新生代时，由于断裂复活，发生沉降运动，形成了延庆—怀来盆地。据区域地质资料及地质调绘，线路经过区地质构造不发育。

3. 地层岩性

隧址区地层岩性主要为第四系上更新统人工填土（Q_4^{ml}）、第四系全新冲洪积层（Q_4^{al+pl}）粉土、黏性土、砂类土及碎石土以及第四系上更新统湖积层（Q_3^1）粉土、粉质黏土、砂类土。图 6-4 为部分地质实景照片图，地层情况分述如下。

（1）第四系上更新统人工填土（Q_4^{ml}）：

① 素填土：黄褐色、灰褐色，松散-稍密，稍湿，主要由粉土组成，含植物根系或零

· 80 ·

星碎石，表层0～0.4m含植物根系；层厚0.9～14m。

①$_1$杂填土：黄褐色、杂色，松散-中密，稍湿，主要由粉土、中细砂组成，包含少量砖块等建筑垃圾；层厚0.8～2.1m。

（2）第四系全新冲洪积层（Q_4^{al+pl}）：

②$_{21}$粉土：黄褐色、灰褐色、灰黄色，稍密，稍湿-潮湿，倒切面稍显光滑，可见铁锰结核和氧化铁，手搓不成条。土质均匀偶见姜石。

②$_{22}$粉土：黄褐色，中密，稍湿—潮湿，砂质含量较高，刀切面稍显光滑或呈粗糙状，可见铁锰结核和氧化铁，手搓不成条。土质较均匀，局部夹粉质黏土夹层，偶见姜石。

②$_{23}$粉土：黄褐色，密实，潮湿—饱和，切面粗糙，土质不均匀，砂性较强，局部夹粉质黏土微薄层。

①$_{14}$粉质黏土：黄褐色，软塑，刀切面光滑、平整，可见铁锰结核和氧化铁，土质较均匀，黏性较强，偶含姜石，局部夹粉土微薄层或含少量腐殖质及灰黑斑点。

①$_{15}$粉质黏土：黄褐色，硬塑，刀切面光滑、平整，可见铁锰结核和氧化铁，土质较均匀，黏性较强，含姜石约占5%，局部夹粉土微薄层。

①$_{41}$粉砂：黄褐色，稍密，潮湿，主要矿物成分为长石、石英、云母。

①$_{42}$粉砂：黄褐色，中密，潮湿，主要矿物成分为长石、石英、云母。

①$_{45}$粉砂：黄褐色，中密，饱和，主要矿物成分为长石、石英、云母。

①$_{46}$粉砂：黄褐色，稍密，潮湿，主要矿物成分为长石、石英、云母。级配差，分选性一般。

①$_{51}$细砂：黄褐色，稍密，潮湿，主要矿物成分为长石、石英、云母。级配差，分选性一般。

①$_{52}$细砂：黄褐色，中密，潮湿，主要矿物成分为长石、石英、云母。级配差，分选性一般。

①$_{53}$细砂：黄褐色，稍密，饱和，主要矿物成分为长石、石英、云母。级配差，分选性一般。

①$_{54}$细砂：褐灰色，中密，饱和，主要矿物成分以长石、石英为主，含云母。

①$_{55}$细砂：黄褐色，密实，饱和，主要矿物成分为长石、石英、云母。级配差，分选性一般。

②$_{44}$细角砾土：灰黄色、杂色，中密—密实，稍湿—饱和，母岩成分主要为砂岩、花岗岩。呈尖棱状、亚棱状，一般粒径为5～30mm，最大粒径为40mm。充填少量中粗砂和粉质黏土。

②$_{45}$粗角砾土：黄褐色，中密—密实，稍湿，碎石含量约占55%，一般粒径为1～3cm，最大粒径为5cm，余为30%细砂和10%黏性土填充。

②$_{31}$细圆砾土：杂色，稍密，潮湿，母岩成分主要为砂岩、花岗岩。呈圆棱状，一般粒径为2～20mm，最大粒径为40mm。充填少量细砂和粉质黏土。

②$_{32}$细圆砾土：杂色，稍密，潮湿，母岩成分主要为砂岩、花岗岩。呈圆棱状，一般粒径为2～20mm，最大粒径为40mm。充填少量细砂和粉质黏土。

②$_{33}$细圆砾土：杂色，中密—密实，饱和，母岩成分主要为砂岩、花岗岩。呈圆棱状，一般粒径为2～20mm，最大粒径为40mm。充填少量细砂和粉质黏土。

②₄₂粗圆砾土：杂色，稍密—中密，稍湿，母岩成分主要为砂岩、花岗岩。呈圆棱状，一般粒径为 10～40mm，最大粒径为 65mm。充填少量细砂和粉质黏土。

②₄₃粗圆砾土：杂色，稍密—中密，饱和，母岩成分主要为砂岩、花岗岩。呈圆棱状，一般粒径为 10～40mm，最大粒径为 65mm。充填少量细砂和粉质黏土，含量约为 15%。

（3）第四系上更新统湖积层（Q_3^1）：

⑤₁₅粉质黏土：深灰色，硬塑，刀切面光滑、平整，可见铁锰结核和氧化铁，土质较均匀，黏性较强，含姜石约 5%，局部夹粉质微薄层。

⑤₂₂粉土：深灰色，中密，饱和，砂质含量较高，刀切面稍显光滑或呈粗糙状，可见铁锰结核和氧化铁，手搓不成条。土质较均匀，局部夹粉质黏土夹层，偶见姜石。

⑤₂₃粉土：深灰色，密实，饱和，切面粗糙，土质不均匀，砂性较强，局部夹粉质黏土夹层，偶见姜石。

⑤₄₅粉砂：黄褐色，中密，饱和，主要矿物成分为长石、石英、云母。

⑤₄₆粉砂：黄褐色，密实，饱和，主要矿物成分为长石、石英、云母。

⑤₅₆细砂：黄褐色，密实，饱和，主要矿物成分为长石、石英、云母。级配差，分选性一般。

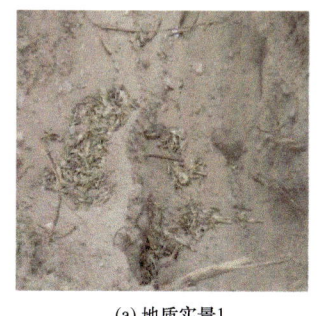
(a) 地质实景1

(b) 地质实景2

(c) 地质实景3

图 6-4　地质实景照片图

6.1.3　水文地质条件

有多条小河穿过隧址区，为季节性河流。勘察期间未见地表水，根据调查访问，DK83＋660～DK83＋700、DK84＋870～DK84＋925、DK86＋060～DK86＋090 段洪水季节时有少量地表流水。

地下水类型为孔隙水，主要赋存于第四系洪坡积层中，受大气降水补给，水位及水量随季节变化较大，沿洪坡积层中的孔隙渗流或排泄。勘察期间，地下水位埋深约 3.0～10.0m，地下水年变幅较大。渗透系数：粉质黏土 0.01m/d、粉土 0.1m/d、粉砂 1m/d、细砂 5m/d、中砂 20m/d、粗砂 50m/d、圆砾土 100m/d。

官厅水库是新中国成立后修建的第一座大型水库，水库控制流域面积 4.34 万 km²。频率 1/100 的设计水位 480.92m，正常蓄水位 477.62m，汛限水位 474.62m。2013 年勘测水位 471.93m。东花园隧道位于官厅水库的东南侧约 1.7km，轨面高程为 463.449～487.537m，洞顶高程为 473.449～497.537m，勘察期间隧址区内地下水水位 470.97～482.13m，且主要集中在 474.0～476.0m 之间，地下水水位较官厅水库水位高，因此东花园隧址区属于官厅水库的补给区。官厅水库水位上升时可能改变地下水渗流方向，抬高隧址区内的地下水水位。

2016～2018年官厅水库持续蓄水，水位持续上升，2018年官厅水库最高水位达到476.28m，较2015年勘察期间升高4.35m。受官厅水库水位上升影响，隧址区地下水位高程约为475.93～481.78m。

官厅水库地面周边环境如图6-5所示。

图6-5 官厅水库地面周边环境

6.1.4 气象条件

隧址区属于寒温带半干旱性气候区，冬季受强大的蒙古高气压控制，漫长且寒冷干燥，夏季多雷雨，春秋多风沙。年平均气温10.5℃，最冷一月平均气温−6.7℃；极端最高气温40.3℃，极端最低气温−21.7℃，土壤最大冻结深度99cm。年平均降水量363.2mm，年平均蒸发量2191.8mm，平均相对湿度50%。全年平均风速约2.6m/s，最大风速约24.0m/s。2020年隧址区遭遇了新中国成立以来最为严寒的冬季，怀来县最低气温达−24.3℃。

6.2 隧道防水设计

6.2.1 隧道防水系统设计

东花园隧道设计为全封闭防水，按《铁路隧道设计规范》TB 10003—2016的规定防水等级为一级。明洞衬砌均采用C40钢筋混凝土，抗渗等级不小于P10，地下水发育地段的防水等级不小于P12。明洞衬砌拱墙采用环氧砂浆修整找平基面，依次喷涂2.5mm厚速凝橡胶沥青防水材料＋双层400g/m² 无纺布＋1.5cm厚绿色可降解缓冲层；仰拱底部采用 C20 混凝土垫层＋1.5mm 厚 HDPE 膜保护层＋3.0mm 厚喷涂速凝橡胶沥青防水材料；明洞顶部回填层采用 60cm 黏土进行地表隔水处理。

东花园隧道防水系统设计方案如图 6-6 所示。

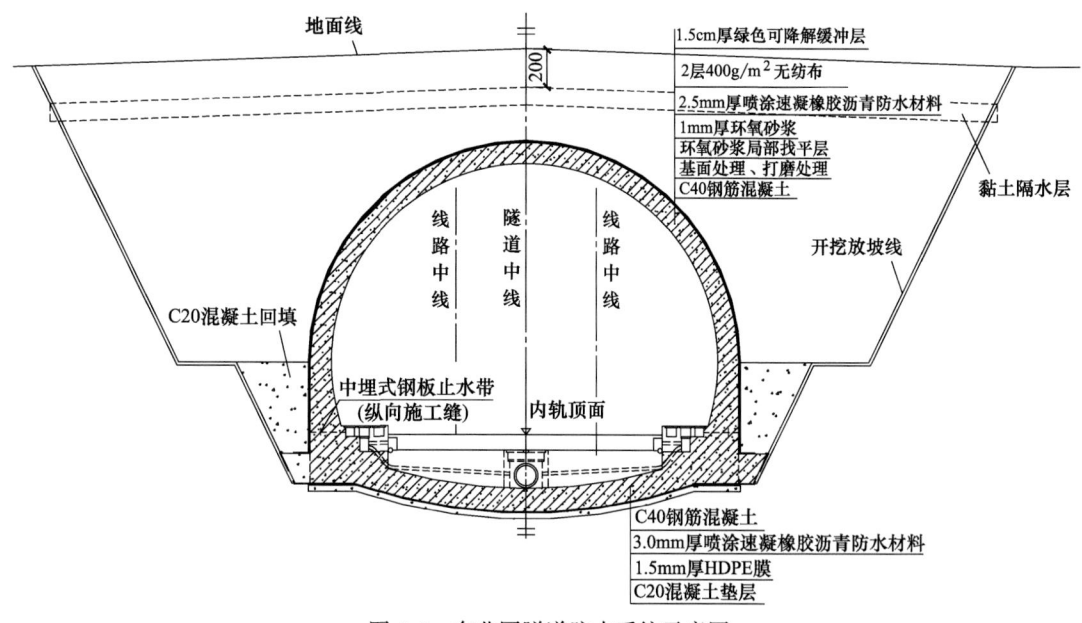

图 6-6　东花园隧道防水系统示意图

6.2.2　变形缝防水设计

变形缝的设置是为了防止隧道变形而引起隧道结构的破坏，明挖隧道的变形主要包括隧底基础软硬不均而导致的不均匀沉降，以及隧道上方回填荷载不均引起的差异沉降。当不均匀沉降 s_c 超过了隧道结构的抗变形能力 s_{max} 时，则应设置变形缝。

1. 变形缝纵向变形限值确定方法

隧道结构纵向的不均匀沉降可根据隧道底部基础的围岩条件以及隧道上部回填荷载，采用数值模拟计算获得。隧道结构的抗变形能力根据隧道混凝土的抗压和抗拉强度确定，如图 6-7 所示，由于目前隧道主要为环向配筋，纵向采用构造配筋，因此，在不考虑纵向钢筋的作用下，隧道结构可按素混凝土考虑。

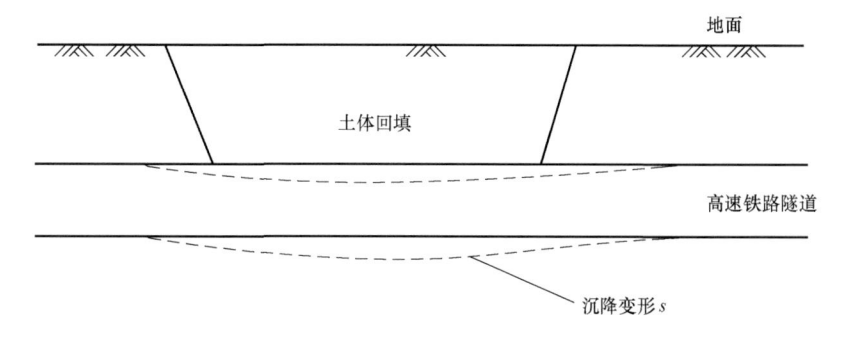

图 6-7　隧道纵向变形

对素混凝土衬砌构件而言，其控制标准是受弯时受拉侧的拉应力值不超过混凝土抗拉强度，此时混凝土尚未开裂，可以认为中性轴位于截面形心位置，假设受弯变形时截面的变形曲率为 k，如图 6-8 所示。

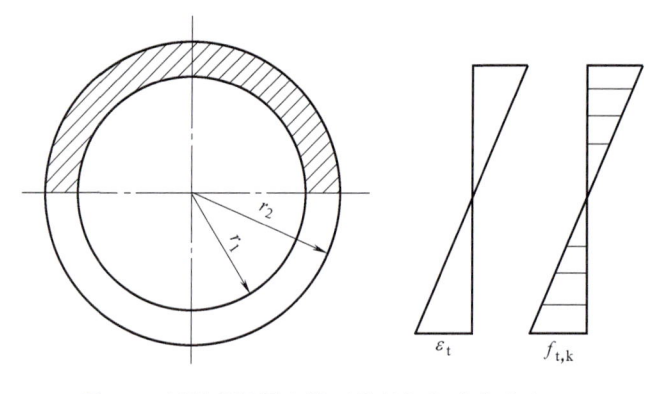

图 6-8　环形素混凝土截面受弯应力-应变分布

根据平截面假定，截面最大拉应变为 $\varepsilon_{\mathrm{t,max}}=\kappa r_2$，当最大拉应变达到混凝土极限拉应变时截面破坏，此时可求得素混凝土截面极限曲率为：

$$\kappa_{\mathrm{u}}=\frac{f_{\mathrm{t,k}}}{Er_2} \tag{6-1}$$

式中：$f_{\mathrm{t,k}}$、E 为混凝土抗拉强度标准值和弹性模量；r_2 为隧道衬砌等效外半径。

根据式（6-1）可知，隧道纵向变形的极限曲率半径与隧道混凝土抗拉强度和隧道等效直径成正比，如图 6-9 所示。假设隧道采用 C35 混凝土，跨度 14m 的圆形隧道纵向沉降变形最大极限曲率约为 $9.67\times10^{-6}\mathrm{m}^{-1}$，曲率半径约为 103409m。不同强度等级的混凝土隧道纵向变形极限曲率和曲率半径见表 6-1，混凝土强度等级越高，隧道纵向变形的极限曲率越大，曲率半径越小。

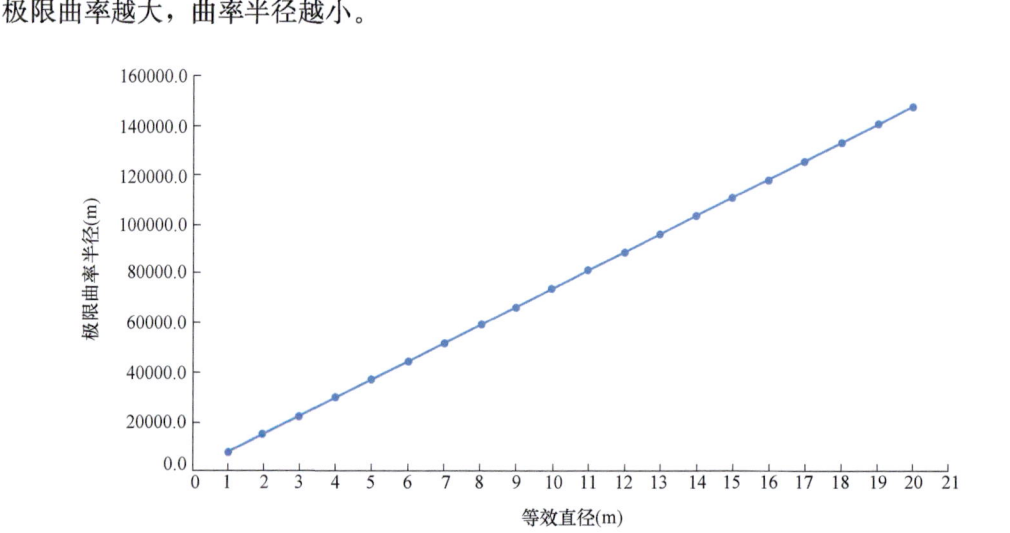

图 6-9　隧道纵向变形极限曲率半径与等效直径之间的关系

隧道喷涂防水技术及工程实践 ·············

不同强度等级的混凝土隧道纵向变形极限曲率和曲线半径　表 6-1

混凝土 强度等级	混凝土轴心 抗压强度（MPa）	混凝土 弹性模量（GPa）	隧道极限曲率 （$10^{-6} m^{-1}$）	隧道极限曲率半径 （km）
C20	1.54	28	7.86	127.27
C25	1.78	30	8.48	117.98
C30	2.01	31.5	9.12	109.70
C35	2.2	32.5	9.67	103.41
C40	2.39	33.5	10.19	98.12
C45	2.51	34.5	10.39	96.22
C50	2.64	35.5	10.62	94.13

对钢筋混凝土衬砌而言，假设其为适筋截面，在承载力极限状态下，受拉侧混凝土开裂，钢筋屈服，受压侧混凝土达到极限压应变，如图 6-10 所示。根据《混凝土结构设计规范》GB 50010—2010，环形钢筋混凝土截面的受压区高度按式 $x = \alpha \alpha_1 f_c A + (\alpha - \alpha_t) f_y A_s$ 计算，得到受压区高度 $x = r_2 [1 - \cos(1.5\alpha\pi)]$，极限曲率 $\kappa_u = \dfrac{\varepsilon_{cu}}{x} = \dfrac{\varepsilon_{cu}}{r_2[1-\cos(1.5\alpha\pi)]}$，其中 $\alpha = \dfrac{1}{\alpha_2 \dfrac{f_c A}{f_y A_z} + 2.5}$。$\varepsilon_{cu}$ 是混凝土极限压应变，f_c、A 为混凝土抗压强度标准值及面积，f_y、A_s 为纵向钢筋屈服强度和配筋面积。

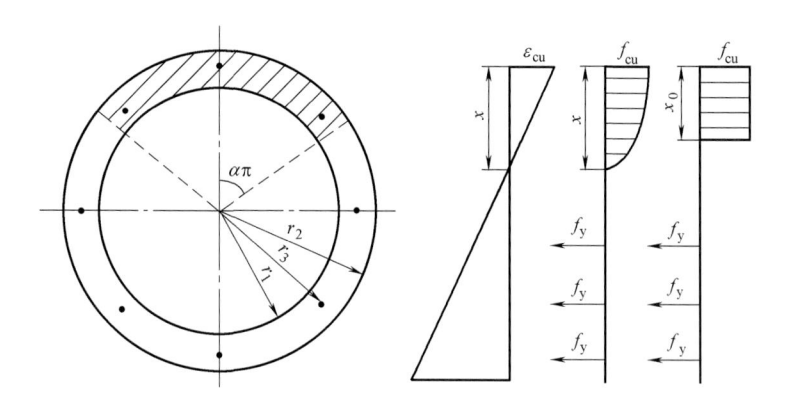

图 6-10　环形钢筋混凝土截面受弯应力-应变分布

假设隧道沉降曲线为半径为 ρ 的圆弧形，如图 6-11 所示。隧道结构发生沉降的长度为 $2L_0$，最大沉降发生在中点处为 s_{max}。将隧道纵向沉降视为弹性梁的挠度，此时挠度曲线的曲率半径即为 ρ，根据几何关系，有：

$$s = \rho - \sqrt{\rho^2 - L_0^2} = \rho\left(1 - \sqrt{1 - \left(\frac{L_0}{\rho}\right)^2}\right) \approx \frac{L_0^2}{2\rho} (\rho \gg L_0) \tag{6-2}$$

不论对精确式或近似式而言，当 ρ 增大时，s 值减小，因此可由 ρ_{min} 确定 s_{max}。对于素混凝土衬砌，有：

· 86 ·

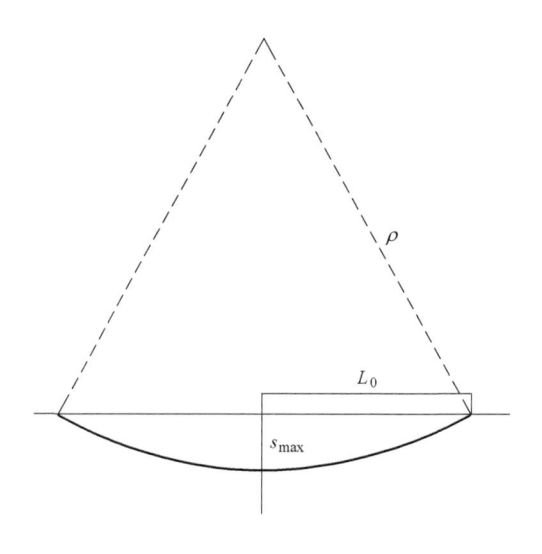

图 6-11　圆弧状隧道变形曲线

$$s_{\max}=\frac{Er_2}{f_{t,k}}\left(1-\sqrt{1-\left(\frac{f_{t,k}L_0}{Er_2}\right)^2}\right)\approx\frac{f_{t,k}L_0^2}{2Er_2} \tag{6-3}$$

对于钢筋混凝土衬砌，有：

$$s_{\max}=\frac{\varepsilon_{cu}}{2[1-\cos(1.5\alpha\pi)]}\frac{L_0^2}{r_2} \tag{6-4}$$

对于盾构管片，有：

$$s_{\max}=\frac{f_{t,k}}{2\zeta_1\mu E}\frac{L_0^2}{r_2} \tag{6-5}$$

或

$$s_{\max}=\frac{l_b(\sigma_s-p_0/A_b)\pi\sin\varphi}{2\zeta_1E_bL_f\left(1+\sin\varphi-\dfrac{\delta}{2r_2}\right)\cos^3\varphi}\frac{L_0^2}{r_2} \tag{6-6}$$

根据实测或数值模拟的隧道纵向变形曲线可以发现，堆载时（或开挖时），隧道区段达到一定长度后两侧会有略微隆起（或沉降），四次曲线可以较好地模拟变形曲线的特征，用沉降＋隆起最大值作为相对变形限值。考虑到对称性，设沉降曲线为 $s(x)=ax^4+bx^4+s_1$，如图 6-12 所示。最大沉降点坐标为 $x=0$，最大隆起点坐标为 L_0，则 L_0 是 $s(x)$ 的一个极值点。

$$s(L_0)=aL_0^4+bL_0^2+s_1 \tag{6-7}$$

$$s'(L_0)=4aL_0^3+2bL_0=0 \tag{6-8}$$

解得 $b=-2aL_0^2$，最大相对沉降为 $s_{\max}=s_1-s(L_0)=aL_0^4$，沉降曲线曲率为 $s''(x)=12ax^2-4aL_0^2$，最大曲率为 $s''_{\max}=8aL_0^2=\dfrac{8s_{\max}}{L_0^2}$。令沉降曲线最大曲率与梁极限曲率相等，可得到最大相对沉降限值 $s_{\max}$（表 6-2）。

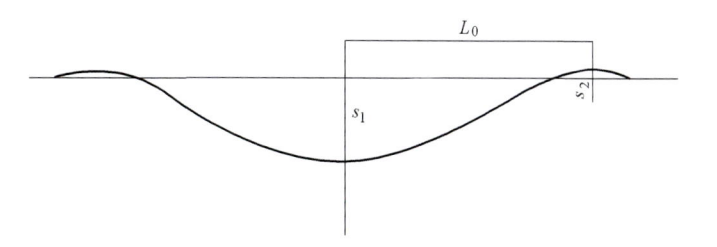

图 6-12　四次曲线状隧道变形曲线

弧形或四次曲线型纵向变形假设下的变形限值　表 6-2

序号	衬砌形式	圆弧形变形曲线 s_{max}	四次曲线 s_{max}
1	素混凝土衬砌	$\dfrac{f_{t,k}}{2E}\dfrac{L_0^2}{r_2}$	$\dfrac{f_{t,k}}{8E}\dfrac{L_0^2}{r_2}$
2	钢筋混凝土衬砌	$\dfrac{\varepsilon_{cu}}{2[1-\cos(1.5\alpha\pi)]}\dfrac{L_0^2}{r_2}$	$\dfrac{\varepsilon_{cu}}{8[1-\cos(1.5\alpha\pi)]}\dfrac{L_0^2}{r_2}$
3	盾构管片衬砌	$\dfrac{f_{t,k}}{2\zeta_1\mu E}\dfrac{L_0^2}{r_2}$ $\dfrac{l_b(\sigma_s-p_0/A_b)\pi\sin\varphi}{2\zeta_1 E_b L_f\left(1+\sin\varphi-\dfrac{\delta}{2r_2}\right)\cos^3\varphi}\dfrac{L_0^2}{r_2}$	$\dfrac{f_{t,k}}{2\zeta_1\mu E}\dfrac{L_0^2}{r_2}$ $\dfrac{l_b(\sigma_s-p_0/A_b)\pi\sin\varphi}{8\zeta_1 E_b L_f\left(1+\sin\varphi-\dfrac{\delta}{2r_2}\right)\cos^3\varphi}\dfrac{L_0^2}{r_2}$

2. 变形缝允许最大变形量

为了满足高铁列车的运营安全，隧道变形缝允许最大错动量 D_{max} 根据高铁轨道平顺性控制要求 A_s 和高铁无砟轨道扣件可调节量 A_f 确定。

为了防止变形缝错动引起轨道板脱空和应力集中，轨道板在变形缝处应断开设置，使轨道板、仰拱填充、隧道仰拱混凝土在变形缝处均断开，变形缝的错动通过轨道扣件来调节（图 6-13），则变形缝最大可允许错动量按下式计算：

$$D_{max}=\frac{A_s+A_f}{K} \tag{6-9}$$

式中：K 为安全系数。

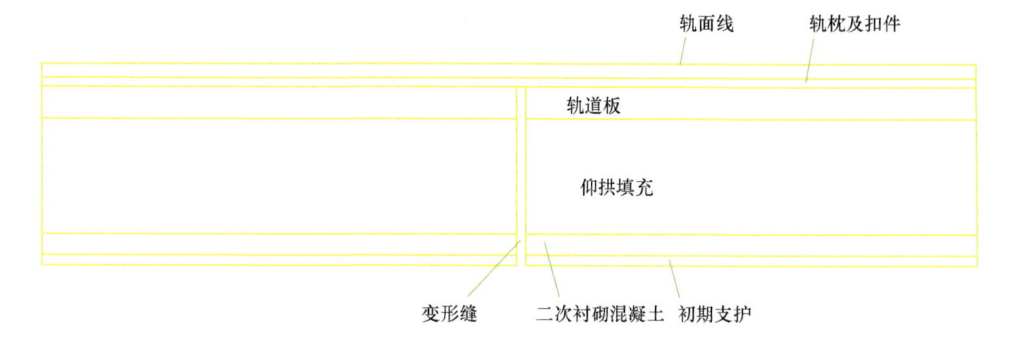

图 6-13　轨道板变形缝设置示意图

高铁无砟轨道扣件可调节量 A_f 根据扣件类型确定，见表 6-3。

高速铁路扣件的可调整量 A_f 表 6-3

序号	轨道类型	扣件类型	高低调整量	轨距调整量
1	有砟轨道	弹条Ⅳ型扣件	0	$-8\sim+4mm$
		弹条Ⅴ型扣件	$0\sim+10mm$	$-8\sim+4mm$
		FC 型扣件	0	$-8\sim+8mm$
2	无砟轨道	WJ-7 型扣件	$-4\sim+26mm$	$-6\sim+6mm$
		WJ-8 型扣件	$-4\sim+26mm$	$-5\sim+5mm$
		W300-1 型扣件	$-4\sim+26mm$	$-8\sim+8mm$
		SFC 型扣件	$0\sim+30mm$	$-6\sim+6mm$
		SKL12 型扣件	$0\sim+30mm$	$-6\sim+6mm$

3. 隧道竖向变形特征分析

1）计算模型

结合东花园隧道设计方案，采用 MIDAS-GTS 软件建立三维数值模型，对隧道施工过程进行数值模拟计算，对施工阶段土体回填对隧道结构变形产生的影响进行分析。

根据相关规范和工程资料，同时考虑到模型单元尺寸和数量对计算时间和结果精度的影响，选取断面 DK84＋925 建立三维数值模拟计算模型，沿东花园隧道方向 192m 范围建立三维模型。模型以沿隧道方向为 Y 轴，垂直隧道方向为 X 轴，竖直方向为 Z 轴，模型在 X 轴方向取 200m，Y 轴方向取 192m，Z 轴方向取 70m。建立三维模型网格划分效果图如图 6-14、图 6-15 所示，模型共包含 156012 个单元。

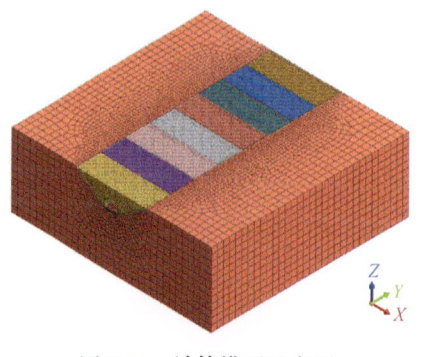

图 6-14 计算模型示意图

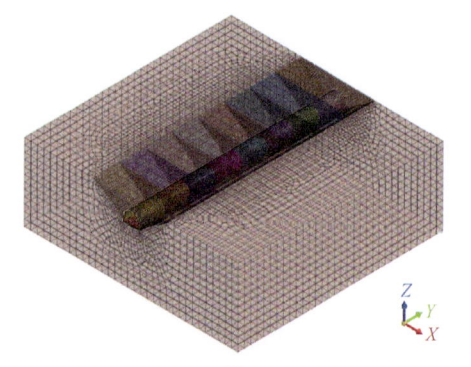

图 6-15 模型透视图

2）参数设置

（1）土体参数

根据东花园隧道工程地质勘查报告（DK83＋200～DK87＋540），施工处计算模型中涉及地层有粉土、粉质黏土和细砂，各地层及材料相关参数见表 6-4。

土体物理力学指标   表 6-4

指标 土层	重度 γ （kN/m³）	压缩模量 E（MPa）	黏聚力 c（kPa）	摩擦角 φ（°）
粉土	19.8	6.49	21.6	21.9
粉质黏土	19.7	6.20	33.5	15.1
细砂	20	18	0	30

（2）计算荷载

水土侧压力：整个模拟计算过程中，对土层及模型中的结构构件只考虑其自重，施工阶段结构荷载在软件中自动考虑。

自重：软件自动考虑。

（3）本构模型

① 单元类型。计算时假定土体为连续介质，土体及隧道结构均采用实体单元模拟。

② 边界条件。本计算在模型底部施加竖向固定位移约束，模型四周施加各面的法向位移约束，地表为自由面。

③ 破坏准则。采用 Mohr-Coulomb 准则，隧道结构考虑在弹性范围内工作，采用线弹性本构关系。

④ 计算假定。本评估计算建立假设土体为连续均匀介质，土体参数来源准确，施工严格按照设计要求进行。

3）计算工序

为综合考虑隧道结构渗漏水整治基坑施工过程中最不利因素对隧道结构产生的影响，本计算选取关键施工控制点进行数值模拟计算，以便对施工过程中隧道结构的变形进行分析。结合设计方案，施工计算模拟工序见表 6-5。

施工计算模拟工序一览表   表 6-5

工序	对应阶段	示意图
工序 1	隧道施工前的初始状态	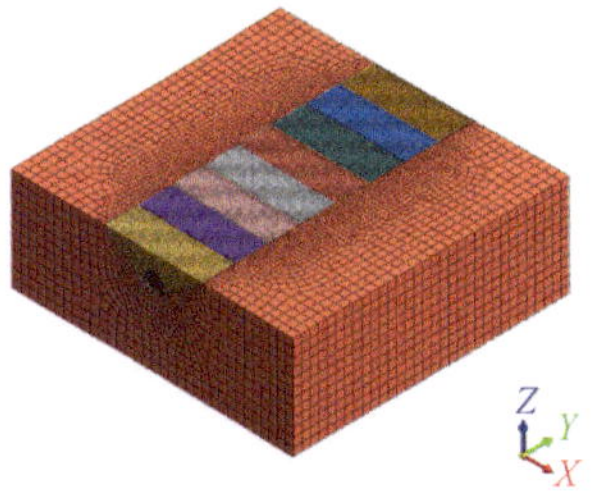
工序 2	隧道施工	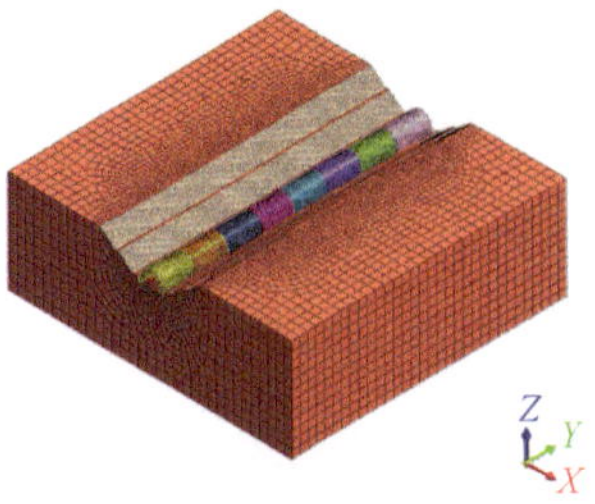
工序 3	土体回填长度 48m	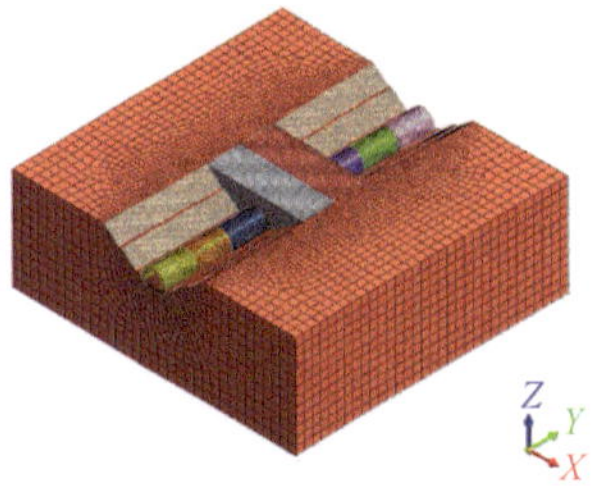

续表

工序	对应阶段	示意图
工序 4	土体回填长度 96m	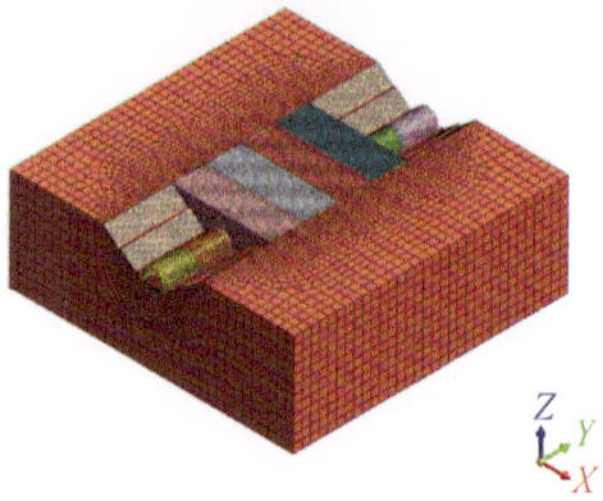
工序 5	土体回填长度 144m	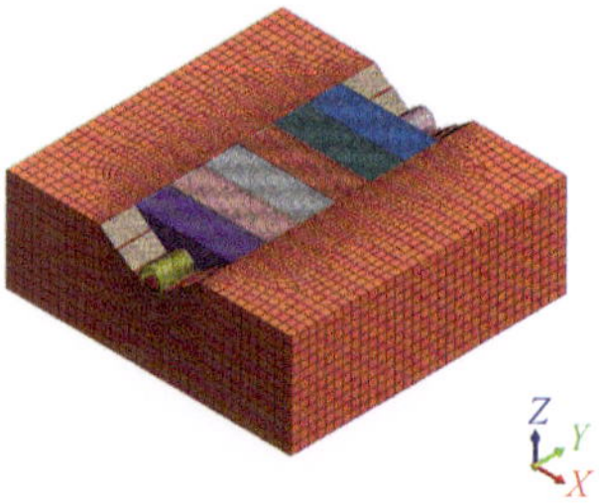
工序 6	土体回填长度 192m	

各工序模拟情况的说明如下：

工序 1：隧道施工前的初始状态。本工序包括初始地应力模拟，为得到施工前的初始地应力状态，保留该工序计算所得的应力状态，同时将位移归零，以此为后续隧道工程施工前的初始状态。

工序 2：隧道施工。针对隧道结构施工过程中土体开挖及衬砌结构施作进行了数值模拟计算分析，并将计算位移归零。

工序 3：土体回填长度 48m。对土体回填施工过程进行了数值模拟分析。

工序 4：土体回填长度 96m。对土体回填施工过程进行了数值模拟分析。

工序 5：土体回填长度 144m。对土体回填施工过程进行了数值模拟分析。

工序 6：土体回填长度 192m。对土体回填施工过程进行了数值模拟分析。

4）计算结果

为了对比分析隧道结构是否配筋及是否设置变形缝对纵向曲率的影响，共设置以下 3 种计算工况。

工况 1：在不设置变形缝的情况下，对比分析隧道结构配筋与不配筋时纵向曲率的变化。

隧道喷涂防水技术及工程实践

工况2：在每48m设置一道变形缝的情况下，对比分析隧道结构配筋与不配筋时纵向曲率的变化。

工况3：在每24m设置一道变形缝的情况下，对比分析隧道结构配筋与不配筋时纵向曲率的变化。

通过数值模拟计算，分别得到了3种工况下隧道施工过程中土体回填对隧道结构变形的影响，不同的土体回填长度使隧道结构拱顶产生的竖向变形曲线如图6-16所示。由计算结果可知，土体一次回填长度越长，对隧道结构变形的影响越大。不同工况下隧道拱顶最大沉降位移见表6-6。由表6-6中数据可以看出，设置沉降缝时，隧道拱顶最大沉降位移略微增大，且沉降缝设置的间隔长度越大，隧道结构的沉降位移也越大。

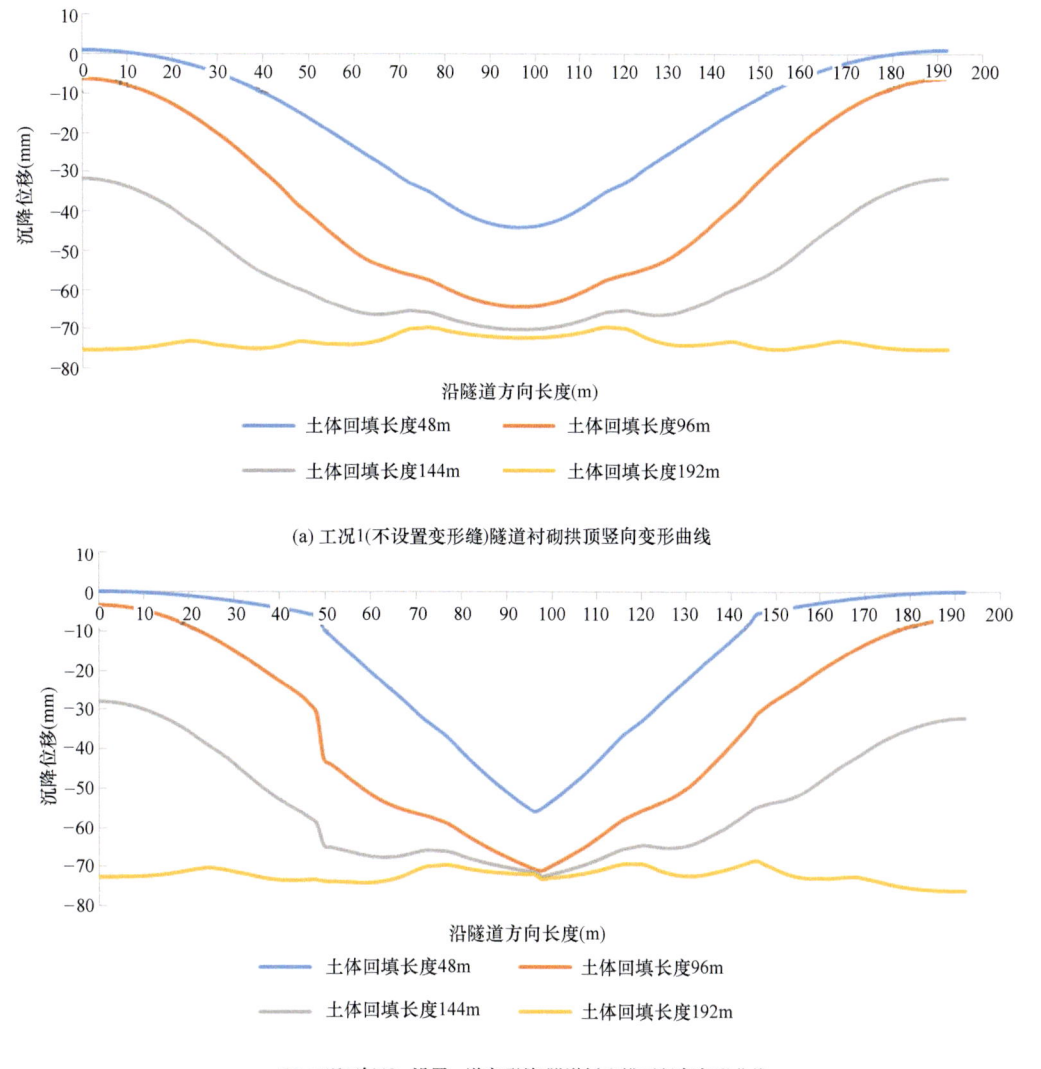

图 6-16　隧道衬砌拱顶竖向变形曲线（一）

· 92 ·

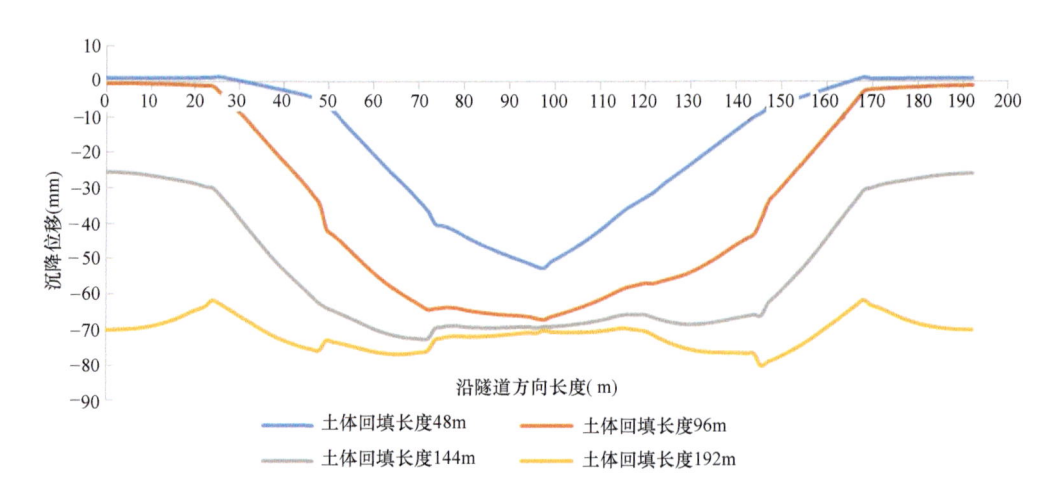

(c) 工况3(每24m设置一道变形缝)隧道衬砌拱顶竖向变形曲线

图 6-16　隧道衬砌拱顶竖向变形曲线（二）

不同工况下隧道拱顶最大沉降位移统计表（单位：mm）　　　表 6-6

计算工况	土体回填长度 48m	土体回填长度 96m	土体回填长度 144m	土体回填长度 192m
工况 1	−44.01	−64.23	−70.01	−72.17
工况 2	−55.87	−70.92	−72.41	−75.99
工况 3	−52.75	−67.20	−69.57	−70.09

4. 隧道变形缝间距确定

根据素混凝土衬砌结构极限曲率计算公式，跨度 14m 的圆形隧道纵向沉降变形最大极限曲率约为 9.67×10^{-6} m^{-1}。根据数值模拟计算得到的隧道沉降值，沿隧道纵向方向，计算沉降变形曲线的曲率，如图 6-17 所示。

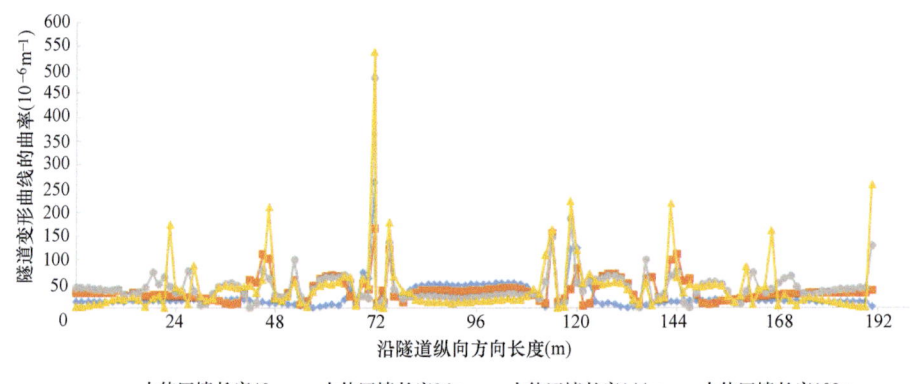

(a) 工况1(不设置变形缝)隧道结构沉降变形曲率图

图 6-17　沿隧道纵向方向隧道结构沉降变形曲率（素混凝土）（一）

· 93 ·

隧道喷涂防水技术及工程实践 ························

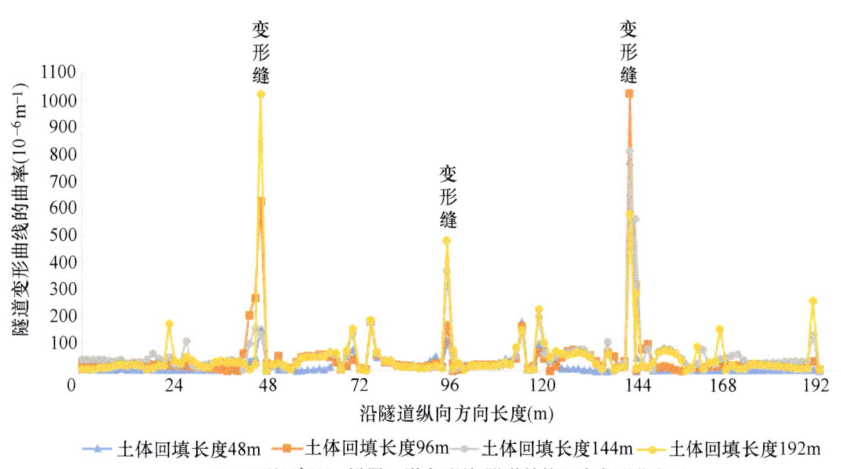

(b) 工况2(每48m设置一道变形缝)隧道结构沉降变形曲率图

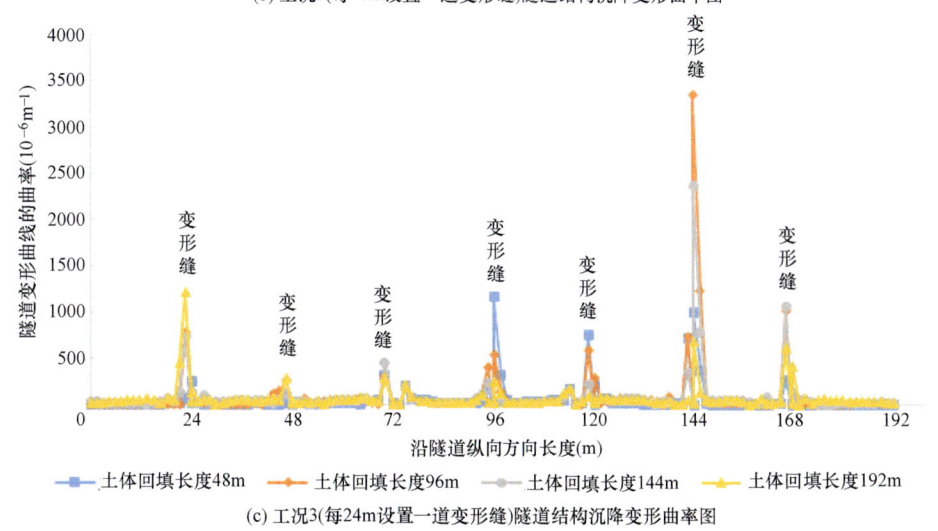

(c) 工况3(每24m设置一道变形缝)隧道结构沉降变形曲率图

图 6-17 沿隧道纵向方向隧道结构沉降变形曲率（素混凝土）（二）

以变形缝位置为分界点，将隧道结构分成若干段分别进行曲率计算，不同工况下隧道结构在无配筋情况下最大曲率（不包含变形缝处曲率值）统计见表 6-7。由表中数据可见，在不设置沉降缝情况下，隧道结构纵向最大沉降变形曲率为 $538.53 \times 10^{-6} \, \mathrm{m}^{-1}$，大于最大极限曲率 $9.67 \times 10^{-6} \, \mathrm{m}^{-1}$，因此结构将出现裂缝；当隧道设置变形缝后，隧道纵向最大沉降变形曲率将减小，且变形缝间隔距离越短，曲率值越小，设置变形缝后最大曲率为 $155.02 \times 10^{-6} \, \mathrm{m}^{-1}$，但仍大于极限曲率，不满足要求。

不同工况下隧道结构变形最大曲率统计表（素混凝土）（单位：$10^{-6} \, \mathrm{m}^{-1}$） 表 6-7

计算工况	土体回填长度 48m	土体回填长度 96m	土体回填长度 144m	土体回填长度 192m
工况 1	263.55	167.37	482.3	538.53
工况 2	183.71	206.35	200.03	260.32
工况 3	62.84	154.30	142.06	155.02

根据钢筋混凝土衬砌结构极限曲率计算公式，跨度 14m 的圆形隧道，假设衬砌厚度为 50cm，纵向配筋参数为：HPB300，Φ14@250mm。则隧道纵向沉降变形最大极限曲率

· 94 ·

约为 $3.77 \times 10^{-4} \, \mathrm{m}^{-1}$。根据数值模拟计算得到的隧道沉降值，沿隧道纵向方向，计算沉降变形曲线的曲率，如图 6-18 所示。

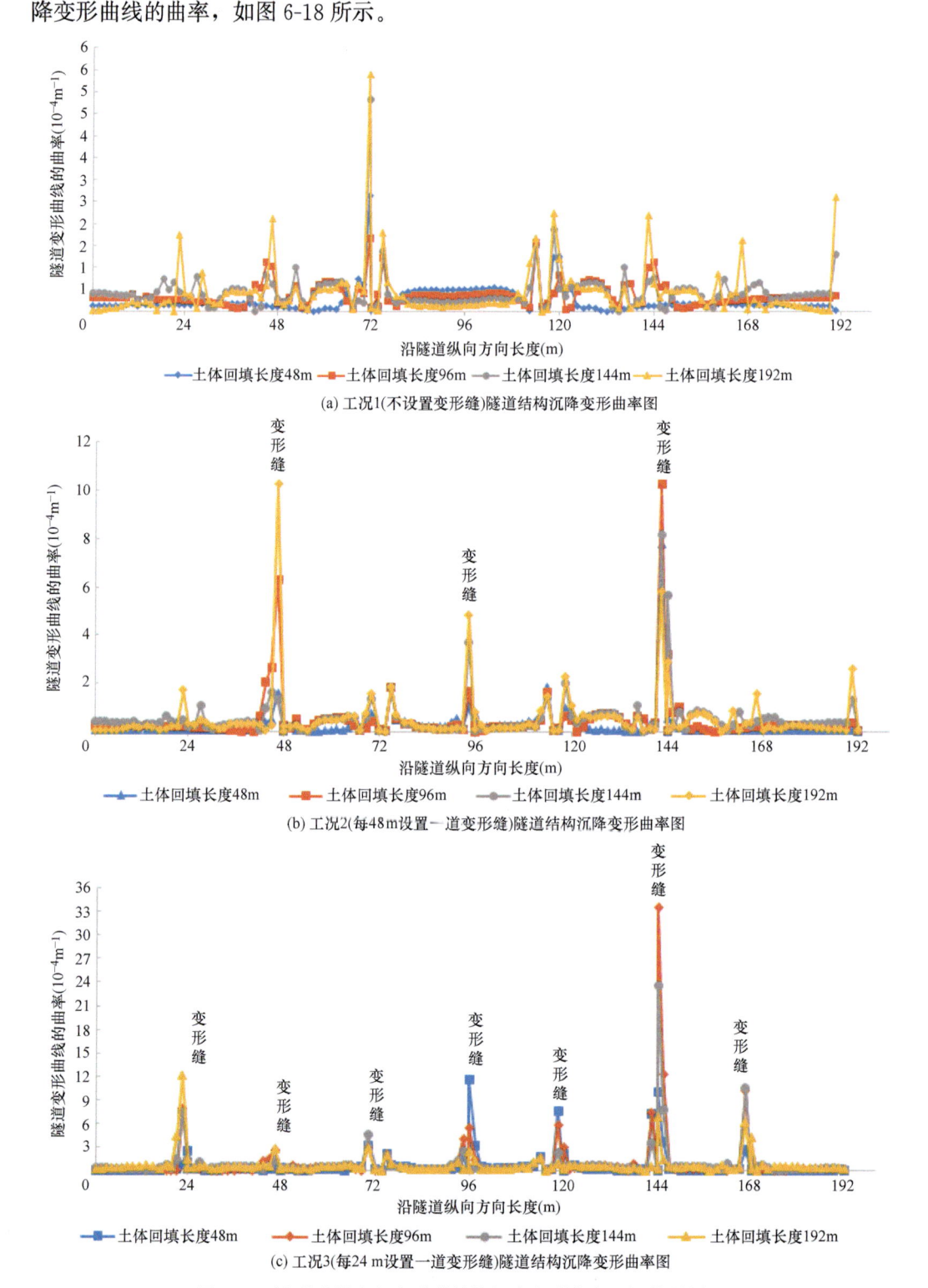

图 6-18　沿隧道纵向方向隧道结构沉降变形曲率（钢筋混凝土）

以变形缝位置为分界点，将隧道结构分成若干段分别进行曲率计算，不同工况下隧道结构在无配筋情况下最大曲率（不包含变形缝处曲率值）统计见表6-8。由表中数据可见，在不设置沉降缝情况下，隧道结构纵向最大沉降变形曲率为$5.39\times10^{-4}\,\mathrm{m}^{-1}$，大于最大极限曲率$3.77\times10^{-4}\,\mathrm{m}^{-1}$，因此结构将出现裂缝；当隧道设置变形缝后，隧道纵向最大沉降变形曲率将减小，且变形缝间隔距离越短，曲率值越小，设置变形缝后最大曲率为$2.06\times10^{-4}\,\mathrm{m}^{-1}$（每48m设置一道变形缝、土体回填长度96m），满足要求。

不同工况下隧道结构变形最大曲率统计表（钢筋混凝土）（单位：$10^{-4}\,\mathrm{m}^{-1}$）　　表6-8

计算工况	土体回填长度48m	土体回填长度96m	土体回填长度144m	土体回填长度192m
工况1	2.64	1.67	4.82	5.39
工况2	1.84	2.06	1.82	1.72
工况3	1.71	1.54	1.42	1.55

综上所述，隧道结构在考虑纵向配筋且设置变形缝情况下，隧道拱顶回填引起的沉降变形满足隧道结构纵向变形承载能力，隧道结构不会出现裂缝。

5. 变形缝防水构造设计

变形缝防水设计时，防水构造形式的变形能力均应大于隧道变形缝允许最大错动量$D_{\max}$。东花园隧道拱墙环、纵向施工缝和拱墙变形缝两侧各50cm范围喷涂速凝橡胶沥青防水材料厚度加厚至4mm，且一次连续多遍喷涂到位。变形缝采用设置中埋式钢边橡胶止水带＋聚乙烯闭孔泡沫板＋聚硫密封膏（B类优等品）嵌缝的复合防水措施。隧道变形缝的防水构造设计如图6-19所示。

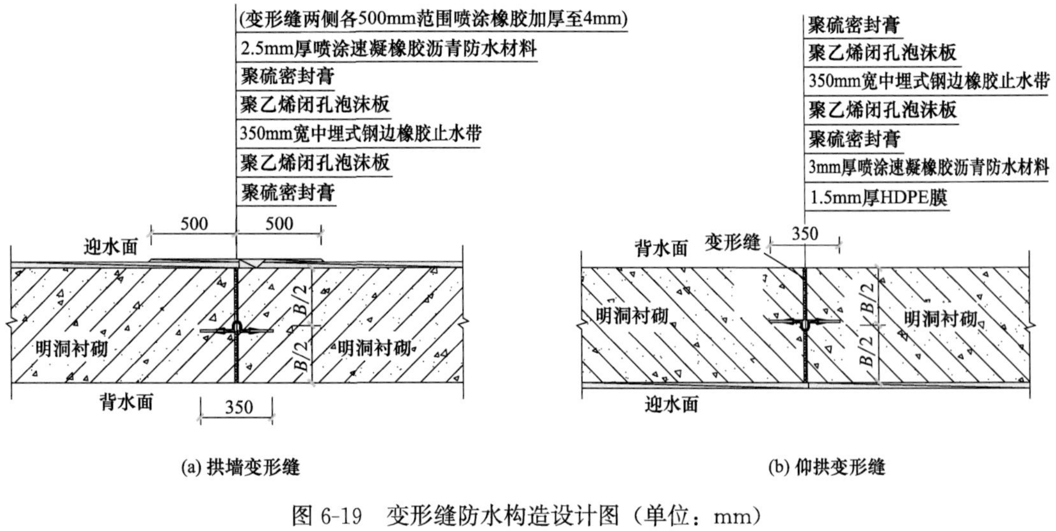

图6-19　变形缝防水构造设计图（单位：mm）

在投入运营后，对东花园隧道衬砌部分变形缝进行了改造，增加了可卸式止水带（图6-20）。可卸式止水带宽300mm、厚14mm，采用M14化学锚栓进行固定，螺栓间距20cm。变形缝采用聚氨酯建筑密封胶充填，上部粘贴可卸式止水带，两侧采用不锈钢板和M14化学锚栓进行固定，其外部再喷涂4mm厚速凝橡胶沥青防水材料进行覆盖（图6-21）。

· 96 ·

第6章　东花园隧道喷涂防水工程案例

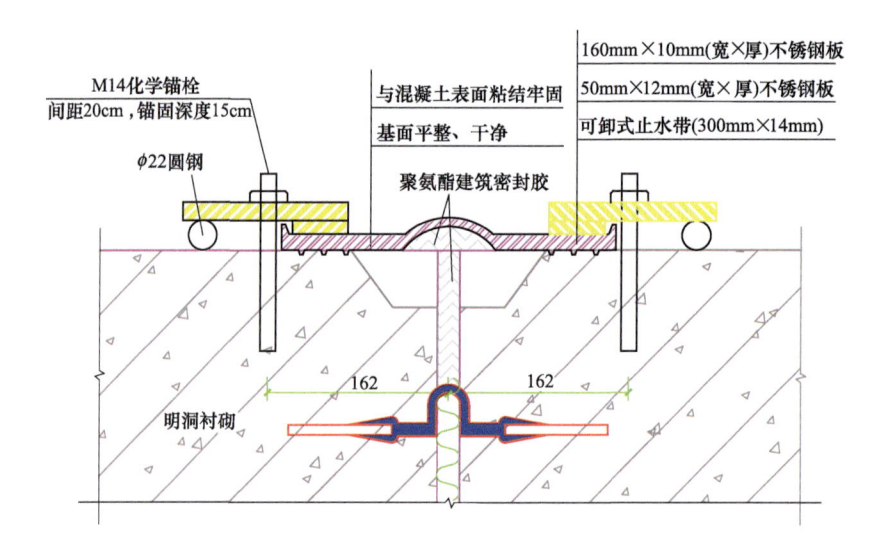

图 6-20　可卸式止水带（单位：mm）

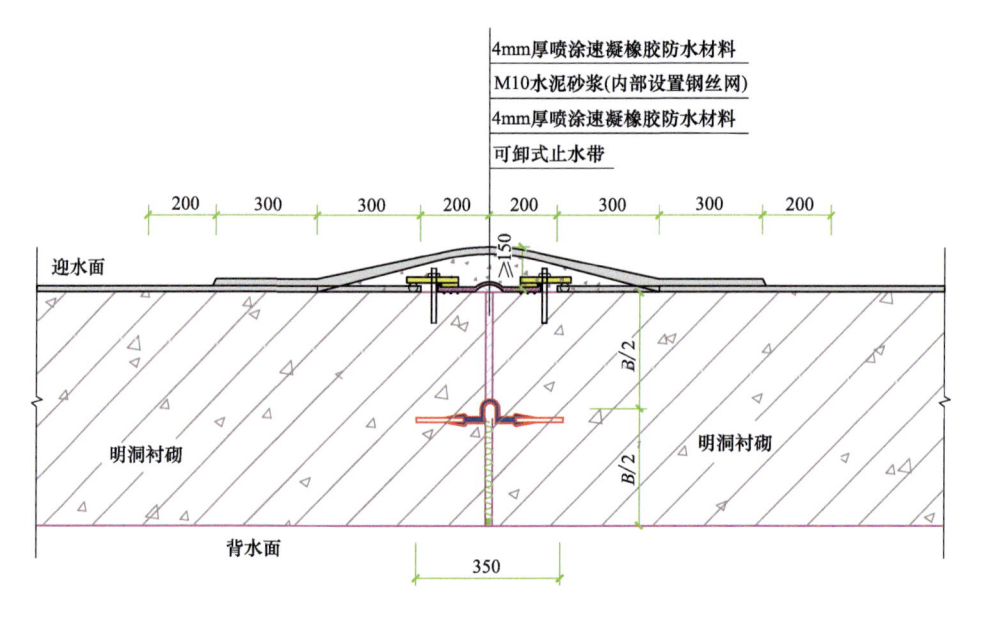

图 6-21　覆盖喷涂速凝橡胶沥青防水材料的变形缝构造（单位：mm）

6.2.3　施工缝防水设计

纵向施工缝采用设置中埋式钢板止水带＋1mm 厚水泥基渗透结晶型防水涂料＋可维护注浆管的复合防水措施，环向施工缝采用设置中埋式钢边橡胶止水带＋1mm 厚水泥基渗透结晶型防水涂料＋可维护注浆管的复合防水措施。

东花园隧道衬砌的施工缝防水构造设计如图 6-22 所示。

· 97 ·

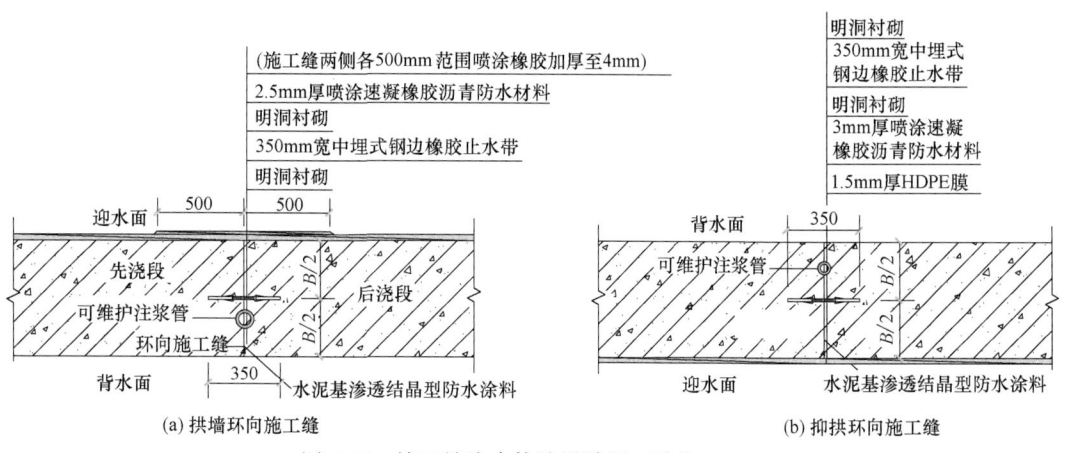

图 6-22　施工缝防水构造设计图（单位：mm）

6.3　隧道结构节点防水施工

在施作喷涂防水层之前，通常需要对隧道明洞衬砌结构的节点进行防水处理。衬砌结构施作过程中，与防水相关的节点部位包括施工缝、变形缝等。

1. 施工缝防水

（1）先浇筑的混凝土必须在达到强度后凿除混凝土表面的浮浆和松软层，人工凿毛时混凝土强度应达到2.5MPa，风动机凿毛时混凝土强度应达到10MPa。凿毛应露出新鲜混凝土面积不低于75％。将表面灰尘、杂质用高压风吹干净或用水冲洗干净，且不得积水。

（2）凿毛处理后涂刷1mm厚水泥基渗透结晶型防水涂料，安装止水带及注浆管后及时浇筑混凝土。

（3）止水带应牢固固定、平直，不得有扭曲现象，环纵向施工缝中埋式止水带相交处金属部分采用铆接处理，橡胶部分应切平并与钢板粘接牢靠。

（4）钢板止水带开口应朝向迎水面，止水带搭接长度不小于100mm，搭接处采用双面焊接或粘接后铆接，焊接要饱满确保不渗水。

2. 变形缝防水

（1）施工应严格控制变形缝宽度不得大于设计宽度，并保证缝宽均匀、缝身竖直、外表光洁；变形缝嵌缝前采取高压水或高压风冲洗和吹干等清洁措施，保证变形缝两侧面平整、清洁。变形缝嵌缝时应先在两侧涂刷胶粘剂，嵌缝膏应密实、饱满，并与两侧粘结牢固，无开裂、鼓包、下塌现象，嵌缝最小深度不得小于5cm以增大粘结和摩擦力。

（2）施工完毕的变形缝，密封膏表面应无裂缝和气泡，表面平整光滑，涂胶饱满且无脱胶和漏胶现象，胶体颜色均匀一致。

（3）密封膏与变形缝粘结牢固，粘结缝按要求整齐平滑，经养护完全硫化成弹性体后，胶体硬度达到设计要求。

（4）密封膏施工过程中重点质量控制工序如下：

① 变形缝密封界面用手提砂轮或钢刷进行表面处理，必要时用切割机处理，确保粘

结界面干燥、清洁、无油污和粉尘，并露出坚硬的结构层。

② 密封膏混合要完全充分，双组分混合至颜色均匀一致。

③ 涂膏前先在涂胶面上刷涂底涂料，然后手工涂膏一层并反复挤抹后才可用注射枪注射涂胶。

④ 混合后的密封膏要确保在要求的时间内用完，超过适用期的膏料不能和新混合的密封膏一起使用。

⑤ 涂膏过程中膏体搭接要严格按照搭接工艺要求施工。

⑥ 涂膏过程中要从一个方向进行，并保证膏层密实，避免出现气泡和缺膏现象。

⑦ 密封油膏层未完全硫化前要注意养护，不得泡水或人为损坏。

3. 止水带施工

衬砌的变形缝、施工缝是隧道施工的薄弱环节，也是隧道工程防水的重点，在施工中要高度重视，止水带包括钢板止水带和钢边橡胶止水带。

（1）止水带施工工艺流程：挡头模板→放置止水带→灌注混凝土→拆挡头板→下一环止水带定位。

（2）施作方法：端模在加工时，分为左右两块，并预留 1/2 中埋式止水带的凹槽，安装端模时，将止水带固定在凹槽内。

（3）施工控制要点：

① 按断面环向长度定制止水带，每次施工用一整条止水带，尽量不采取搭接，除仰拱与拱墙连接处留置两个接头，且要将接头位置设置在防水措施分界线位置。

② 止水带对称安装，伸入模内和外露部分宽度须相等，以保证止水带在整个施工过程中位置正确。止水带处混凝土表面质量应达到宽度均匀、缝身竖直、环向贯通、填塞密实、外表光洁。

③ 浇筑混凝土时，在止水带附近振捣密实但不得碰止水带，防止止水带走位。

④ 止水带安装时应设置间距 1m 的 $\phi6$ 盘圆卡具，使基位置固定且不破坏止水带，保证防水效果。

4. 变形缝改造

在隧道运营期间，对部分出现渗漏的变形缝进行了改造，施工要点如下：

（1）将变形缝两侧的喷涂速凝橡胶沥青防水材料用电烤灯加热，待其松软后两侧各清理 20cm，露出新鲜混凝土面层，凿除松散物，不平处以环氧树脂砂浆磨平，再用打磨机或砂纸打磨平整，确保变形缝两侧混凝土表面平整、干净、干爽。

（2）剔除开挖范围内变形缝内中埋式止水带外侧的填缝材料，并进行注浆填缝。填缝材料选用单组分聚氨酯建筑密封胶，填缝深度为明洞外边缘至中埋式止水带位置。缝内注浆须密实，找专业施工队伍，安排专人进行观察，防止施工影响行车，聚氨酯填充剂各项性能指标及验收标准均应满足《聚氨酯建筑密封胶》JC/T 482—2003 中相关规定。

（3）对变形缝清理范围的混凝土表面进行清理，抹平磨平，冲洗干净，表面喷涂 4mm 厚的喷涂速凝橡胶沥青防水材料（可卸式止水带表面也要喷涂）。然后在变形缝两侧各 50cm 范围内采用 M10 水泥砂浆进行外包处理（最厚处为 15cm，中间设置钢丝网一层，网孔规格 2cm，丝径 0.9mm，宽度 50cm）。砂浆外侧未清除喷涂防水层以高压水冲洗干净，并以高压风吹净，于其表面和 M10 水泥砂浆外包层表面喷涂 4mm 厚喷涂速凝橡

· 99 ·

隧道喷涂防水技术及工程实践

胶沥青防水材料，新喷防水材料与既有防水材料搭接长度不小于 30cm。

（4）变形缝处理完成后分层回填土。

6.4 隧道结构喷涂防水施工

喷涂速凝橡胶沥青防水材料施工技术在具体实施中需要注意相关技术要点，如基面处理、施工缝和变形缝加强层处理、仰拱与拱墙搭接处理等节点处理，最后再进行拱墙部位大面积智能化喷涂防水施工。

6.4.1 施工工艺流程

智能化喷涂防水施工技术按照基面处理→节点施工→拱墙智能喷涂速凝橡胶沥青防水材料的顺序进行，其施工工艺流程如图 6-23 所示。

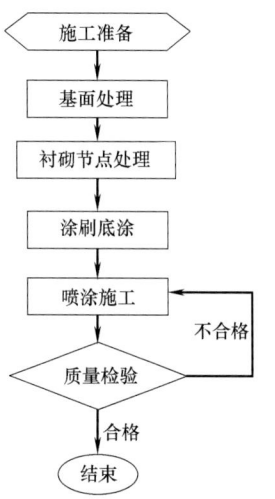

图 6-23 智能化喷涂防水工艺流程图

6.4.2 基面处理

对隧道明洞的基面进行处理，满足要求后方可进行下一步喷涂防水施工。按照如下的步骤和做法对东花园隧道衬砌的表面进行处理：

（1）清扫：清除基面疏松、起砂、起皮混凝土，用扫帚清扫基面灰尘。

（2）打磨：用角磨机将基面表层浮浆进行打磨，然后用吹风机进行清理。

（3）修补：阴角凹凸不平部位、局部孔洞缺陷处用环氧水泥浆抹平。

（4）涂刷底漆：喷涂施工区域涂刷专用底涂，A 组分：B 组分：C 组分＝1：1：1，按比例将 B 组分加入 A 组分中机械搅拌 3min，搅拌均匀后加入 C 组分。现场不宜调配过多，调配完成后 30min 内用完，防止时间过长黏度上升影响质量。用辊轮辊刷，涂布量为 0.3kg/m^2，涂布均匀，不得漏涂。

图 6-24 为基面处理措施的现场画面，主要展示了明洞衬砌拱顶上部基面打磨，然后用吹风机处理灰尘、残渣等，再用环氧水泥浆抹平基面，最后涂刷专用底漆。

· 100 ·

第6章 东花园隧道喷涂防水工程案例

(a) 基面打磨处理

(b) 吹风机处理

(c) 环氧砂浆抹平

(d) 涂刷专用底漆

图 6-24 基面处理措施图

6.4.3 节点处理

1. 加强层处理措施

纵向缝与环向缝部位需要对防水层进行加强，加强的范围为缝两侧各 0.5m。用手刷料加无纺布对节点进行加强处理，首先涂刷一层手刷料，宽度为加强层设计宽度；铺贴无纺布，要求无纺布铺贴顺直，不得褶皱、起鼓、翘边；铺贴无纺布后再次涂刷手刷料，要求第二遍手刷料完全浸润无纺布。附加喷涂层厚度为 1.5mm。加强层防水构造及施作情况如图 6-25 所示。

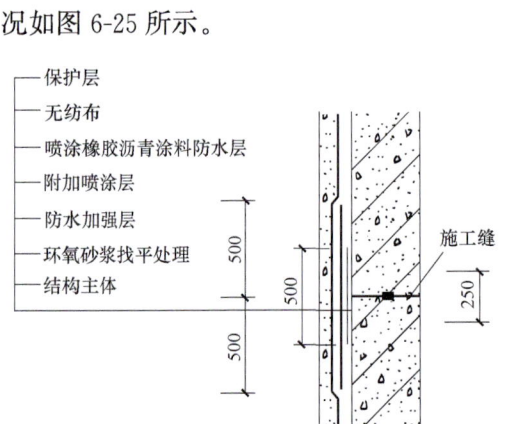
(a) 施工缝、变形缝处防水构造

(b) 施工缝、变形缝处防水加强层施作效果

图 6-25 施工缝、变形缝防水加强层设计与施作

· 101 ·

2. 仰拱与拱墙搭接处理

对于全包防水，拱墙与仰拱防水交界处一直以来就是防水的薄弱环节。东花园隧道在拱脚处设置 C40 混凝土脚趾，需要处理好仰拱与拱墙搭接部位的防水层连接问题。具体施作方法为：

（1）仰拱预喷反粘系统施工完成后，把 HDPE 膜端头卷起并压住，以防污染。

（2）展开预留的仰拱 HDPE 膜端头，并清理干净，拱墙防水层直接与其喷涂搭接；阴角（$R = 50$mm）采用 M10 水泥砂浆处理，如图 6-26（a）所示。

（3）翻折搭接后的复合防水层，边缘用垫圈固定，加强处理后再次喷涂覆盖，如图 6-26（b）所示。

（4）搭接面采用保护膜进行保护，下次喷涂时，揭开保护膜，确保 50cm 搭接面清洁、干净、无灰尘。

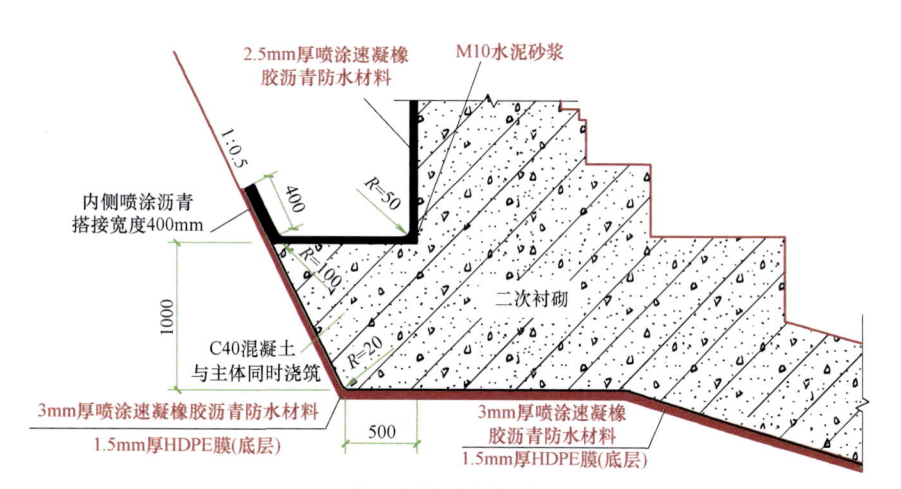

(a) 仰拱与拱墙防水搭接处理步序1

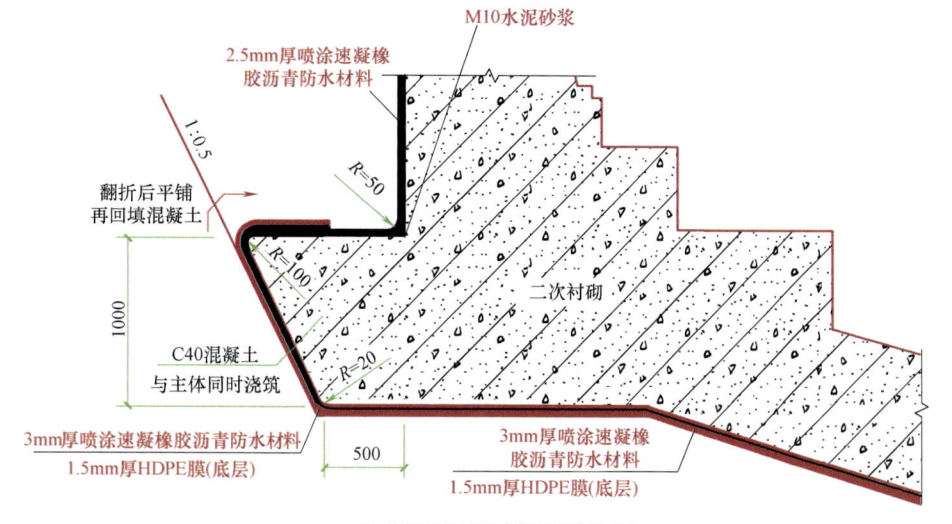

(b) 仰拱与拱墙防水搭接处理步序2

图 6-26 仰拱与拱墙搭接处理（单位：mm）

6.4.4 喷涂防水

2017年11月，根据京张高铁东花园隧道外轮廓倒弧形的结构尺寸，研发了适合其结构尺寸的新型速凝橡胶沥青自动喷涂机器人，2018年3月，设备生产完成并进场安装、调试，4月份开始对衬砌的新型速凝橡胶沥青防水材料自动喷涂（图6-27）。历时11d完成喷涂施工作业，比传统人工喷涂方式节约工期33d。

图6-27 智能化喷涂防水施工

东花园隧道衬砌拱墙部位开展大面积喷涂防水作业，施工技术要点包括：

（1）防水涂料A组分主剂应充分、缓慢搅拌，静置30min以上，待气泡完全逸出后，方可用于喷涂。严禁现场向A料和B料中添加任何其他物质，严禁混淆A料和B料的进料系统。

（2）喷涂速凝橡胶沥青防水材料采用专用喷枪喷涂，两组分在距基面60～80cm处交汇、混合并落地析水成膜，成为完整的橡胶质防水层。

（3）启动喷涂设备发动机，调节工作压力（A料泵200kPa，B料泵100～150kPa），打开控压阀，检查压力表压力是否稳定，检查Λ料和B料回流管流通是否正常；卸掉B料喷嘴打开转储阀，清洗管道；调试喷枪喷涂流量与扇面，检查有无堵塞和不畅；一切正常后开始喷涂施工。

（4）喷涂作业时喷涂操作手将安全带固定在衬砌外侧行走支架上，利用行走支架逐环进行喷涂；两侧拱腰及直墙段施工时，应按要求厚度与层数喷涂到位，不得有漏喷；操作手利用行走支架进行匀速喷涂，防止涂料滴淌，减少材料浪费。

（5）喷涂作业时，喷枪垂直于基层，距离适中、匀速移动。按照先细部构造后整体的顺序连续作业，一次多遍、交叉喷涂；在立面或坡面施工时，喷枪应按照从下到上、由低到高的顺序喷涂。

（6）每遍喷涂厚度约为0.3mm，喷涂8遍，经常检查，严格控制喷涂厚度；两次喷涂作业面之间的搭接宽度不应小于100mm。

（7）当出现异常情况时，应立即停止作业，检查并排除故障后再继续作业；喷涂完成后按顺序关闭压力、转储阀和发动机。

（8）喷涂作业完毕后，应按使用说明书的要求检查和清理机械设备，妥善处理剩余物料。

（9）喷涂后静置 12h 以上，保证析出水分和排出气体后进行下道工序施工。

6.4.5 质量控制

喷涂防水施工现场应对成品检验合格后方可进行下一循环施工，局部不合格的部位进行缺陷修补，大部分不合格或材料化学性质出现问题的须铲除后重新施作。

1. 一般规定

（1）喷涂橡胶沥青防水材料的质量验收程序和组织应符合相关标准的规定。

（2）喷涂橡胶沥青防水材料应有产品合格证书和检测报告，其品种、规格、性能等应符合国家或行业现行标准及防水设计的要求。

（3）喷涂橡胶沥青防水材料进场后应进行见证取样复验，复验项目及现场抽样应符合规范要求。

2. 基层表面处理

（1）清理基层，磨平或铲平尖锐棱角，采用环氧砂浆等与基层粘结强度高的材料填平凹槽；去除表面疏松、起砂、起皮部分，并以环氧树脂砂浆或自流平细石混凝土整平。

（2）清扫或冲洗基层，去除浮尘或杂物，基层可潮湿但不得有明水。

（3）防水施工前应提前确定各种管线预留预埋位置，并组织一次防水基层检查，严禁事后剔凿。

（4）当基层不满足要求时，应进行打磨、除尘和修补，基层表面的孔洞和裂缝等缺陷应采用聚合物砂浆等与基层粘结强度高的材料进行修复。

3. 现场厚度及均匀度检查

喷涂过程中，加强施工过程质量监控，根据实测涂层厚度及均匀度，调整喷涂机压力及喷涂层数和厚度，保证喷涂质量。施工完成后采用针测法测厚仪对喷涂防水层进行实时监测，现场检查合格率达到 100%。

（1）目测检查防水涂层应喷涂均匀，不应流淌和露槎，不应划伤和龟裂，与基面粘结牢固，如图 6-28 所示。

（2）采用测厚仪对涂膜防水层进行实时监测，每 $100m^2$ 抽查一处，最小厚度不小于设计厚度的 80%，涂膜搭接部位采用逐渐薄喷处理，如图 6-29 所示。

图 6-28　涂层外观检查

图 6-29　实测涂层厚度

6.5 实施效益分析

明挖隧道外侧喷涂速凝橡胶沥青防水材料施工应用于新建京张铁路 4 标段东花园隧道，解决了富水区深埋隧道外包防水施工困难、防水效果差的难题，保证了施工质量，提高了施工效率，节约了施工成本，并且积累了宝贵的实践经验。

（1）施工工效提高。自动化喷涂机器人的施工工效是人工喷涂施工工效的 4 倍，按照东花园隧道喷涂 22000m^2 进行计算，人工喷涂每日喷涂 500m^2，需要 44d，机器人喷涂每日喷涂 2000m^2，需要 11d，节约工期 33d。自动化喷涂机器人只需 2 人一组，人工喷涂需要 6 人一组，减少现场作业人员 66.7%。

（2）节约施工费用。对比传统卷材防水施工，缩短工期共 30d，节省了 25t 汽车起重机台班费：1700 元/班×30＝51000 元，节约人工费：230 元/人×48 人×30＝331200 元；节约材料费：22.21 元/kg×27.5m×4970m×0.0025m×1500kg/m^3×0.08＝910665.5 元；共计 1292865.5 元。

（3）降低施工风险。传统人工喷涂需要人工手持喷枪进行作业，在倒弧形上高空作业，属于高危作业，作业人员的危险性极高，自动化喷涂采用自动喷枪，无需作业人员高空作业，有效降低了作业人员的危险性。

（4）保证防水层施作质量。自动化喷涂机器人能够精确地控制喷涂用量，操作简单，喷涂厚度完美均一，有效地避免了人工喷涂存在的喷涂厚度不一、搭接面处理不到位等误差，合格率 100%。自动化喷涂机器人对防水涂料的使用量控制更好，传统人工喷涂由于喷涂误差较大，使用量低于设计量，达不到防水效果；使用量高于设计量，喷涂材料成本增加。有效避免了隧道渗漏水情况的发生，降低了洞内渗漏水对洞内设备和运营车辆产生破坏和影响的程度。同时减少了后期对隧道渗漏水进行处理产生的高额费用。

（5）减少现场管理工作量。自动化喷涂机器人的应用有效降低了现场管理人员的工作量，按照验收标准采用针测法测厚仪对喷涂防水层进行实时监测，每 100m^2 抽查一处，传统人工喷涂施工单位为了控制喷涂质量都是进行加密监测，同时需要对不合格部位进行加强处理，处理完成后还需要进行监测。

东花园隧道实施智能化喷涂以后各项数据指标对比见表 6-9。该技术具有先进性、科学性和实用性，经济效益、社会效益、环保节能效益显著，在明挖隧道和类似的地下结构工程中具有广泛的应用前景。

系统应用后各项数据指标对比表　　　　　　　　　　　　　表 6-9

序号	项目	应用前		应用后	
1	人员配置	6 人	看机器 2 人	2 人	看机器 1 人
			安全保护 2 人		控制设备整体运行 1 人
			喷枪手 2 人		喷枪手 0 人
2	质量保证	依靠经验		程序设定保证厚度绝对均匀	
3	安全性	需要借助扶梯，并间歇性喷涂		无需考虑人员疲劳，可进行连续喷涂作业	
4	施工工效	一组人员每日喷涂 500m^2		一台机器每日喷涂 2000m^2	

第7章▶▶

其他隧道喷涂防水工程案例

本章以丙烯酸盐喷膜防水材料为例，介绍国内部分矿山法隧道、明挖隧道工程中的应用实例。

7.1 深圳迭福液化天然气接收站LNG工艺隧道

在该工程建成之前，全世界只有两条此类隧道（分别为沉管隧道和盾构隧道），通过完善的防水设计和施工以达到令人满意的防水质量。虽然迭福接收站的LNG工艺隧道采用了同样严格的防水标准，但该隧道采用了"新奥法"（NATM）设计和施工，其防水体系和措施不同于沉管隧道和盾构隧道，前两条隧道的防水经验并不能为迭福液化天然气接收站LNG工艺隧道提供直接指导。基于国内目前常规防水板渗漏率居高不下的现状，因此在本工程中选用了丙烯酸盐＋EVA防水板双层防水的措施进行设防。

7.1.1 工程概况

1. 厂区布置

LNG接收站是由众多相关设备总成的一个有机整体，包括卸料臂、储罐、低压输送泵、高压输送泵、汽化器、BOG压缩机、火炬塔等，通过这些设备的相互协作，将海上运输来的LNG通过一定的工艺流程存储在LNG储罐并外输至用户。因此，LNG接收站通常包括LNG船泊位和罐区两大部分，这两部分之间通过各类LNG输送管道和设施进行连接。

迭福液化天然气接收站位于深圳市东部大鹏湾，已经于2017年投入运营。第一阶段建设包括一个液化天然气船泊位和4个储罐（图7-1），泊位由栈桥建成，可容纳容量达27万 m^3 的液化天然气运输船，码头容量为每年400万t。接收站主体（罐区）位于相邻的陆地区域，限于地形，LNG输送管道需要穿过LNG工艺隧道从泊位抵达罐区。

2. 工程地质及水文地质条件

隧道场地浅部主要分布第四系坡洪积含砾粉质黏土层，总厚度0.80～5.90m，土质类型单一。场地内分布的地层自上而下有：人工填土层、第四系全新统坡洪积层、第四系残积层及燕山期中粒花岗岩。受到相邻区域断裂构造的影响，隧道场地局部基岩裂隙发育。隧道场地沿线地下水主要为赋存于中粒花岗岩及脉岩中的基岩裂隙水，主要分布于强、中风化层裂隙中，在微风化岩裂隙发育带也有赋存。场地地下水主要受大气降水补给，由北东向南西往大鹏湾排泄。勘察期间，测得地下水稳定水位埋深1.20～18.30m。

· 106 ·

第7章　其他隧道喷涂防水工程案例

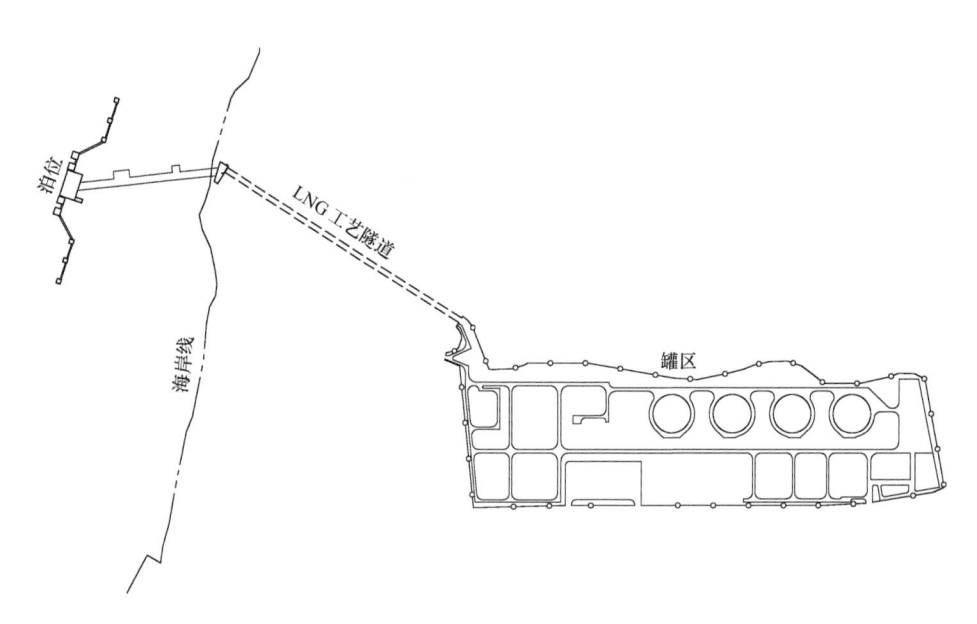

图 7-1　迭福液化天然气接收站平面布局

3. 隧道结构形式

该隧道为山岭隧道，东西走向，全长 584m，最大埋深约 43m。隧道进口位于大鹏湾海边，地形为陡崖，出口距离罐区约 100m，靠近罐区西南侧。隧道纵坡采用单面坡，从进口端向出口端下坡，坡度 0.298%，两端高差 1.74m。隧道横断面设计根据围岩级别，有 Ⅱ、Ⅲ、Ⅳ、Ⅴ、Ⅵ 5 个等级围岩的复合式衬砌类型，并在隧道进口端设 3m 长明洞，出口端设 5m 长明洞。隧道净空尺寸宽度为 11m，高度为 8.28m，隧道内空间分为管道区和检查通道，安装在隧道中的管道包括 LNG 接收管、回流（BOG）管、通风管和公共管线以及其他监测、维护和安全设施（图 7-2）。

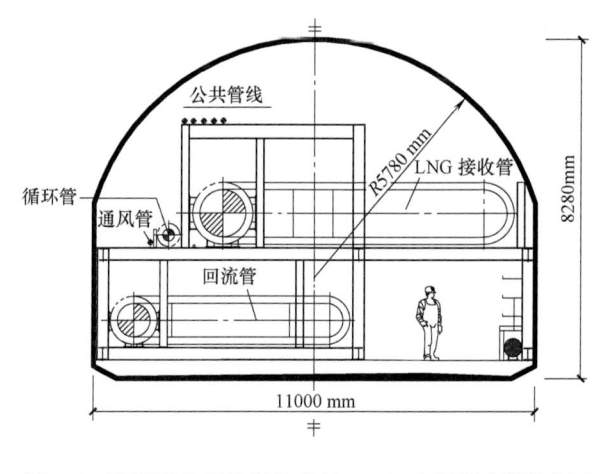

图 7-2　迭福液化天然气接收站 LNG 工艺隧道管线布置

该隧道按"新奥法"原理设计，隧道支护结构除明洞段外，均采用复合式衬砌结构（图 7-3）。初期支护由喷射混凝土、钢架、锚杆、钢筋网等形成联合支护，二次衬砌采用

· 107 ·

隧道喷涂防水技术及工程实践

钢筋混凝土结构，初期支护与二次衬砌之间设防排水设施。初期支护与二次衬砌共同形成支护体系，依据围岩级别不同，该隧道中共有 5 种不同支护参数的衬砌结构（明洞段除外）。

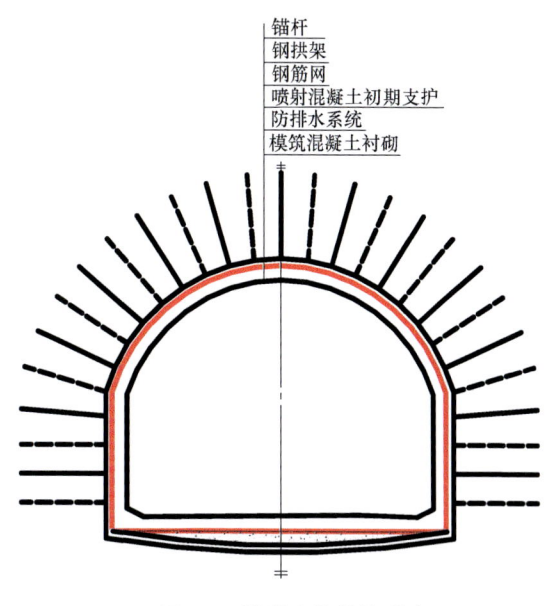

图 7-3　隧道支护结构形式

7.1.2　隧道防水设计

1. 隧道防排水系统

该隧道的防水等级按一级设计，防水设计遵循"以防为主，防排结合，多道设防，因地制宜，综合治理"的原则，采取了多种措施进行综合处理。考虑到 LNG 工艺隧道对防水的要求，最终采用全断面防水设计，并在防水层后铺设排水系统对地下水进行引排（图 7-4）。

防水：喷射混凝土支护封闭岩面裂隙，并对隧道Ⅳ～Ⅵ围岩进行径向注浆，使隧道外围形成一道防水屏障；在初期支护与二次衬砌采用丙烯酸盐喷膜防水层＋EVA 防水板的复合防水层；二次衬砌采用模筑 C40 防水混凝土实现结构的自身防水。

排水：隧道初期支护施工完成后，沿初期支护设置 ϕ50mm 环向盲管，盲管通过无纺布固定，纵向间距 9m（地下水丰富之处可增设盲管）；在隧道拱脚处各设置 ϕ100mm 纵向盲管，隧道底部设 ϕ250mm 中心排水管；渗入到隧道初期支护的地下水通过环向盲管汇入纵向盲管、中心排水管，最终通过中心排水管排入隧道外防洪渠。

2. 防水方案的比较和选取

本项目的设计单位最初提出了几种防水解决方案（图 7-5），包括采用喷涂防水和钢衬，然而这些方案在施作防水层时存在诸多潜在问题和困难，均未被采用。例如，钢板接缝的焊接质量控制问题、钢衬的固定问题和钢板与混凝土之间的间隙问题，以及多层混凝土二次衬砌施工复杂性等。

经过多次讨论，最终采用了图 7-4 所示的"EVA 防水板＋丙烯酸盐喷膜防水层"的

· 108 ·

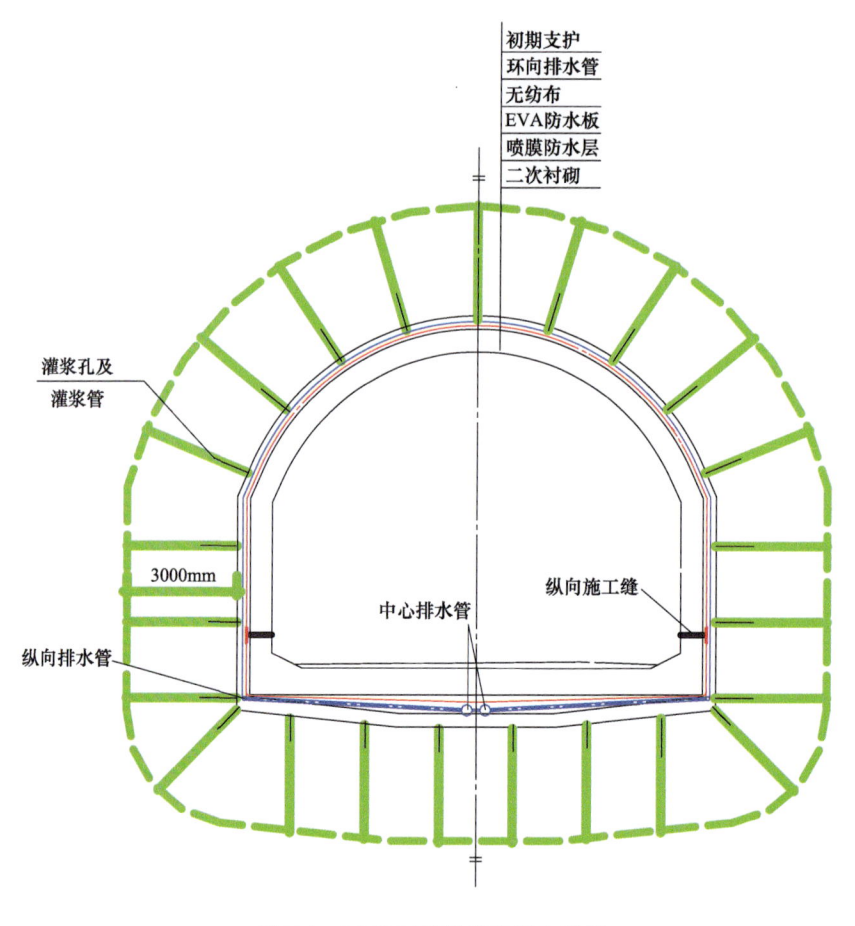

图 7-4 LNG 工艺隧道防排水系统

复合防水层方案。如果 EVA 防水板施作质量良好，隧道的防水效果是有所保证的，但是考虑到防水板施工过程中较易被后续工序破坏、防水板接缝过多且检查困难等问题，为保险起见决定采用双防水层的方案，即在 EVA 防水板的表面再施作一层丙烯酸盐喷膜防水层，与 EVA 防水板复合使用。为保证两者之间的有效粘结，选用了复合一层无纺布的 EVA 防水板并进行反铺，丙烯酸盐喷膜防水层喷射在 EVA 防水板表面的无纺布层上，以达到两个防水层之间的全面粘结效果。在 EVA 防水板的接缝部位（也是防水层容易失效的重点隐患部位），丙烯酸盐喷膜防水层需要进行加厚处理，以防止地下水从 EVA 防水板接缝脱开处进入隧道。由于 LNG 工艺隧道对防水的高标准要求，因此丙烯酸盐喷膜防水层的厚度从 3mm 增加为 4mm，EVA 防水板接缝部位处的丙烯酸盐喷膜防水层厚度为 7mm。

3. 防排水材料规格与参数

所选解决方案中提到的主要防排水材料的规格如下所示：

（1）径向注浆：灌浆压力 1～1.5MPa，W/C 为 0.5∶1～1∶1。

（2）无纺布缓冲层：400g/m²。

（3）EVA 防水板：厚度为 1.5mm，且一侧复合 100g/m² 无纺布。

· 109 ·

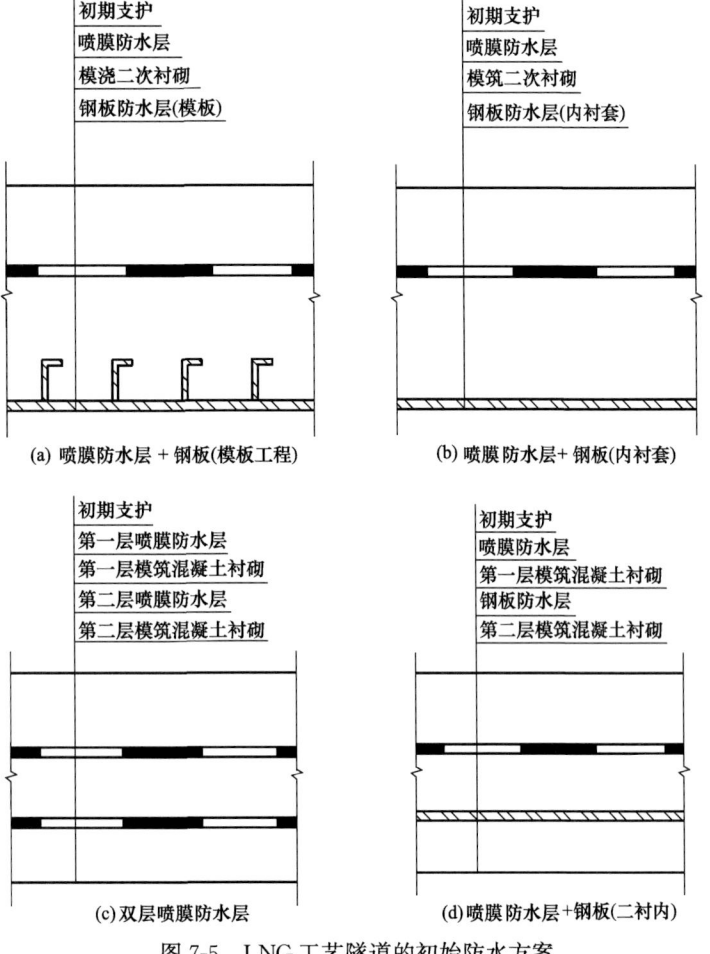

(a) 喷膜防水层＋钢板(模板工程)　(b) 喷膜防水层＋钢板(内衬套)

(c) 双层喷膜防水层　(d) 喷膜防水层＋钢板(二衬内)

图 7-5　LNG 工艺隧道的初始防水方案

（4）丙烯酸盐喷膜防水层：正常区域厚度为 4mm，EVA 防水板接缝处厚度为 7mm。

（5）环向排水管：ϕ50mm，安装间距 9m。

（6）纵向排水管：ϕ100mm 环形管。

（7）中心排水管：ϕ250mm×2 钻孔波纹管。

（8）二次衬砌：C40 混凝土，抗渗等级 P8、P10、P12。

7.1.3　喷膜防水施工

丙烯酸盐喷膜防水层是该防水系统的重要部分，本节将重点阐述喷膜防水层在 LNG 工艺隧道中的施工技术，并简要介绍其他防排水设施的安装情况。

1. 喷膜防水之前安装的防排水设施

安装工序与其他"新奥法"开挖的山岭隧道相似（部分工序如图 7-6 所示）：

（1）初期支护收敛稳定后进行径向注浆作业。

（2）对初期支护基面进行清洁和平整。

（3）在初期支护表面铺设排水管和无纺布。

（4）将 EVA 防水板焊接固定在垫圈上，相邻板材之间的接缝用焊缝焊机密封。

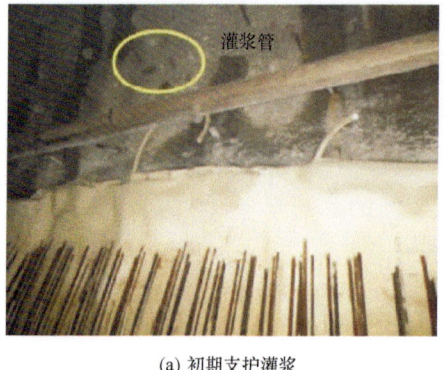

(a) 初期支护灌浆

(b) 中心排水管铺设

(c) 铺设无纺布

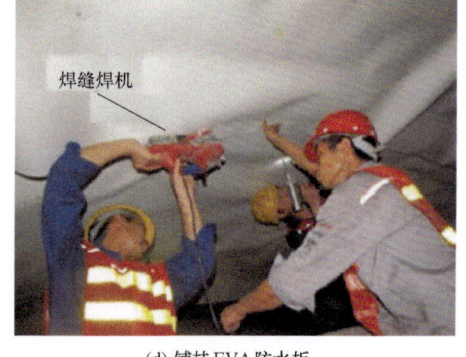

(d) 铺挂 EVA 防水板

图 7-6　防排水设施的安装

2. 喷膜防水的准备工作

包括人员、设备和材料在内的充足准备工作对于实施喷膜防水而言是非常重要的（部分准备工作如图 7-7 所示）。

（1）将丙烯酸盐溶液、引发剂和水从储存位置转移到工作区。

（2）将喷膜装置和空气压缩机移到工作区的适宜位置，检查其工作状况以确保功能正常。

（3）采取适当的环境保护措施，如采用土工布将已经安装的钢筋进行覆盖。

(a) 设备、材料就位

(b) 混合搅拌引发剂

图 7-7　喷膜防水作业准备工作

· 111 ·

（4）将引发剂加入丙烯酸盐溶液中并均匀混合。

（5）在开始喷膜防水作业之前，进行喷膜尝试以检查聚合反应速度是否正常。

3. 仰拱及侧墙墙脚的喷膜防水作业

隧道内一个区段的喷膜防水作业分为两个分区：仰拱及侧墙墙脚，侧墙及拱顶。仰拱和侧墙墙脚的喷膜防水工序如下（部分工序如图 7-8 所示）：

（1）清洗 EVA 防水板的基面，去除水和泥浆以保证丙烯酸盐膜的粘结效果。

（2）将丙烯酸盐溶液喷射到 EVA 防水板表面的无纺布层，快速固化后形成复合防水层。

（3）在仰拱处的喷膜防水层上施作一层厚度为 50mm 的混凝土保护层，以保护防水膜免受后续工作的损坏。

(a) 仰拱部位喷膜防水作业   (b) 侧墙墙脚部位喷膜防水作业

图 7-8 仰拱和侧墙墙脚的喷膜防水作业

4. 侧墙及拱顶的喷膜防水作业

由于工作平台的长度为 6m（图 7-9），在纵向长度为 12m 的一段隧道内的喷膜防水作业必须分为两段施工；即第一段完成后，工作平台必须向前移动到第二个区段。

图 7-9 隧道内防水作业台车

该部位喷膜防水施工的主要工序如下（部分工序如图 7-10 所示）：

（1）喷膜工作可以从侧壁的任何一侧开始，喷手在工作平台上自下而上逐层喷膜，直至拱顶。

（2）从未喷膜的另一侧侧墙开始再次进行喷膜工作，直到膜与之前在同一圆内的拱顶

第7章 其他隧道喷涂防水工程案例

喷膜相连接为止完成一次循环。

（3）移动工作平台，开始第二个区段的喷膜防水作业。

(a) 侧墙部位喷膜防水作业

(b) 拱顶部位喷膜防水作业

图 7-10　侧墙和拱顶的喷膜防水作业

5. 喷膜质量的控制与验收

每一个区段完成后检查以下项目，当喷膜防水层出现缺陷时进行适当的修复和养护工作：

（1）喷膜防水层必须完全覆盖 EVA 防水板。

（2）防水膜的最小厚度不应小于设计厚度。

（3）防水膜上发现的任何缺陷，如针孔或膜的损坏，均须修补。

（4）防水膜施作完毕后，如果 3d 内未能及时施作二次衬砌混凝土，则需进行喷水养护，防止出现脱水干裂。

根据相关规范的要求，现场采集完全固化的喷膜防水层样品，并送到试验室进行测试检查，主要性能要求如下：

（1）拉伸强度：≥1.1MPa。

（2）最大伸长率：≥200%。

（3）撕裂强度：≥5kN/m。

（4）透水性（0.3MPa/30min）：透水率为 0。

7.1.4　现场应用效果

1. 防水效果检查

该隧道的喷膜防水作业于 2014 年 2 月开始，并于 2014 年 12 月完成，该接收站已经于 2017 年投入运营。在隧道防水施工期间和完成防水工程后多次拜访施工现场，在 2015 年 6 月进行回访时，隧道的二次衬砌已经施工完毕，隧道内的管道安装工作仍在进行中。当时两个隧道洞门的建设情况如图 7-11 所示。在全面检查了隧道的防水情况后，未在隧道内发现渗水（图 7-12）。

2. 喷膜防水层的防火性能

二次衬砌钢筋安装过程中的焊接作业总是会对防水层带来一定的损伤，这也被认为是削弱隧道防水系统防水性能的一个重要因素。丙烯酸盐喷膜防水层的耐火性能为 B_1 级（难燃），能有效地防止钢筋焊接所造成的损伤。对该隧道二次衬砌钢筋的焊接工作进行现

隧道喷涂防水技术及工程实践

(a) 靠海侧入口

(b) 靠罐区侧出口

图 7-11　隧道出入口

图 7-12　隧道防水效果

场观察（图 7-13）：在有些情况下钢筋被紧贴在喷膜防水层表面进行固定和焊接，然而防水膜上并没有发现严重的损伤，只有膜的表面被覆盖了一层深棕色焊灰。显然，焊接温度对喷膜防水层和下覆的 EVA 防水板几乎没有损伤。因此，经实践检验证明丙烯酸盐喷膜防水层具有很好的防火性能，对其防水质量也起到了较好的保障作用。

(a) 钢筋焊接作业环节

(b) 焊接作业完成后防水层表面的情况

图 7-13　钢筋焊接作业对防水层的影响

3. 喷膜防水层的施工效率

表 7-1 展示了在该隧道施工现场所统计的喷膜防水作业效率的相关数据。该隧道将全

· 114 ·

断面划分为两个区域进行防水施工，A区的仰拱部位对于喷膜防水是有利的，因为喷膜的回弹问题显著降低，也降低了丙烯酸盐溶液的用量，喷膜覆盖效率也高于B区。除了侧墙和拱顶处的回弹损失较大之外，还应考虑其他因素如由工作平台的高度引起的喷涂压力差也会降低喷涂设备的工作速率。

喷膜防水作业效率相关数据　　　　　　　　　　　　表 7-1

施工区域	喷膜效率 （m²/min）	丙烯酸盐溶液用量 （kg/m²）	喷涂设备工作速率 （kg/min）	平均厚度 （mm）
A区:仰拱及侧墙下部	2.5	6	15	4
B区:侧墙及拱顶部分	1.2	10	12	4

4. 应用经验

迭福液化天然气接收站LNG工艺隧道是同类隧道中通过"新奥法"施工并采用喷膜防水技术的首个案例，根据实际应用结果，其防水效果达到了预期的高标准防水质量。以下几个方面对本项目中丙烯酸盐喷膜防水层的成功应用起着至关重要的影响：

（1）合理正确地设计防水系统是满足高防水标准的关键所在。虽然丙烯酸盐喷膜防水层在这一工程中发挥了重要作用，但是包括径向灌浆、EVA防水板和排水设施在内的防水系统的其他部分也是该防水体系成功应用不可缺少的重要部分。

（2）丙烯酸盐防水材料的防火性能对双层防水材料的防水性能至关重要。尤其是丙烯酸盐喷膜防水层的防火性能，在施工环节中发挥了较为重要的作用，避免了钢筋的焊接施工对防水层造成的损坏，保证了防水层的防水质量。

（3）喷膜防水层的施工人员在现场的施工作业质量对最终的防水效果至关重要。喷膜防水层是防止该隧道渗漏的最后屏障，为保证该防水系统的成功应用，需要对施工人员进行适当的培训、开展充分的准备和细致的喷膜作业、制定完善的质量控制和验收措施。

通过本案例的成功实施，为以后进行类似高防水标准隧道的防水设计和施工提供了一些参考和借鉴，但也有一些问题尚有待进一步研究和分析，以完善该套复合防水层体系从而取得更好的效果，比如：复合防水层之间各层的粘结强度对防水效果的影响、喷涂防水类材料在施工现场的质量控制体系、后期出现渗漏后的预留维修措施、喷膜防水层的耐久性问题等。

7.2　重庆三南铁路吴家湾隧道

该喷膜防水工程位于改建铁路三江至南川线扩能改造工程，喷膜防水区段位于该工程区段的D1K23＋833～D1K23＋740，防水区段长度为93m，总面积约1900m²。在这个工程案例中，对丙烯酸盐喷膜防水的施工技术进行了系统性的试验和对比，总结了可适用于矿山法隧道结构的喷膜防水技术。

7.2.1　工程概况

1. 隧道基本情况

隧道位于重庆市万盛区万东镇建设组境内，进口里程为D1K22＋355，出口里程为D1K24＋588，中心里程为D1K23＋471.5，全长2233m，为单线隧道；隧道纵坡为12.2‰～12.7‰的单面上坡。隧道最大埋深133m，暗洞Ⅴ级围岩553m、Ⅳ级围岩

790m、Ⅲ级围岩890m，进出口均采用耳墙式洞门。洞内设置双侧水沟、双侧电缆槽。隧道内设小避车洞56个、大避车洞兼电缆余长腔14个、绝缘梯车洞4个。隧道线路等级为国铁Ⅱ级，速度目标值120km/h，电力牵引。

2. 工程地质与水文地质条件

隧道区段地貌属低山丘陵，海拔标高为336～522m，相对高差为40～180m，隧道大致顺北西—南东向展布的脊状山梁。隧址内基岩广泛出露，地表水主要为进出口地表沟水，为季节性流水，受大气降水补给。地下水类型主要有第四系孔隙水、基岩裂隙水，且第四系孔隙水不发育。预计隧道正常涌水量约2300m³/d。

7.2.2 隧道防水设计

1. 防水构造及设计要求

喷膜防水段采用土工布＋防水膜（取代防水板）结构形式，防排结合。

2. 防水材料技术要求

（1）丙烯酸盐喷膜防水层厚度应根据工程的防水等级、设防要求、使用条件等确定，且最小喷膜厚度不应小于3mm。

（2）加强层的材料可采用丙烯酸盐喷膜防水材料，加强层厚度不宜小于丙烯酸盐喷膜防水层的最小喷膜厚度。

（3）丙烯酸盐喷膜防水层及相关防水材料的性能指标应满足《丙烯酸盐喷膜防水应用技术规程》CECS 342：2013的要求。

7.2.3 喷膜防水施工

1. 作业流程

丙烯酸盐喷膜防水施工应符合施工流程的要求（图7-14）。

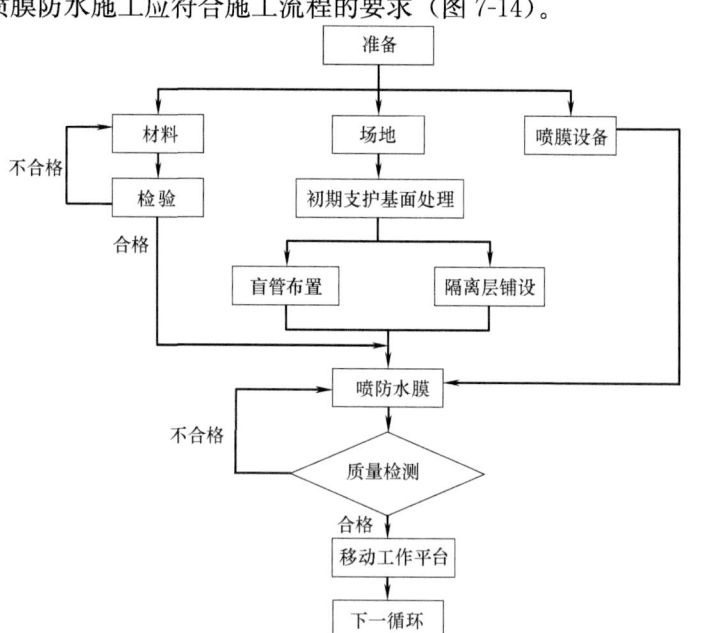

图7-14 丙烯酸盐喷膜防水施工流程图

2. 初期支护基面清理

在喷膜防水区段，初期支护喷射混凝土基面总体较为平整，但存在多处露头钢筋及未切割的注浆管头，对防水作业有一定影响，需要进行处理。区段后半段部分初期支护基面有一定的渗水、析白情况，但普遍渗水量较小，拱顶位置局部有滴水。喷膜区段处的初期支护基面情况如图 7-15、图 7-16 所示。

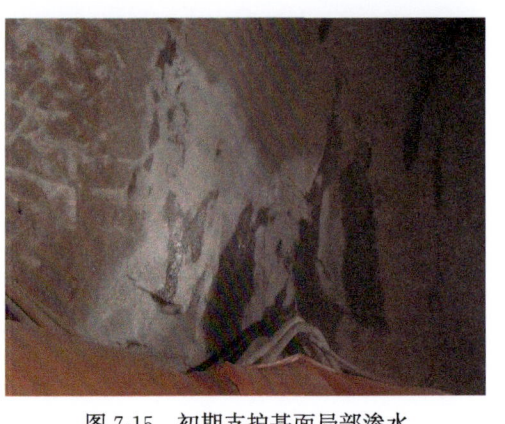
图 7-15　初期支护基面局部渗水

图 7-16　初期支护基面存留的突出物

对初期支护基面的突出物进行切割处理，主要措施如下（图 7-17、图 7-18）：

（1）用电焊切割机将露头钢筋等齐根切断。

（2）用铁锤将钢筋根部尖角砸平。

图 7-17　切割露头钢筋

图 7-18　处理后的钢筋根部

3. 隔离层铺挂

隔离层采用从上往下铺设的方式，使用 EVA 垫圈（大面）＋钢压条（接缝）的形式进行固定，使其与初期支护基面达到密贴，铺挂余量纵向约 105％，环向约 110％。

（1）EVA 垫圈固定采用普通气钉枪，钢压条固定采用瓦斯气钉枪，应做到隔离层基面无鼓膨，垫圈、压条边缘与隔离层达到密贴。

（2）隔离层搭接缝处采用钢压条或者垫圈固定，配合热风焊枪补焊，要求基面平整、无褶皱。

（3）纵向排水盲管与环向排水盲管使用土工布进行包裹，根据相关施工设计进行铺设

隧道喷涂防水技术及工程实践

固定。

（4）隔离层铺设完成后，应对其铺设质量进行检验，要求铺设基面平整度好、垫圈及钢压条边缘密贴、无露头射钉。

隔离层铺挂的情况如图 7-19、图 7-20 所示。

图 7-19　垫圈固定

图 7-20　整体铺挂情况

4. 喷膜施工

（1）喷膜作业利用洞内的防水板台车（图 7-21），从下往上依次喷膜。

图 7-21　喷膜作业用防水板台车

（2）喷枪应与基面保持垂直，采取平移或画圆方式匀速移动喷枪，并宜分两次达到喷膜设计厚度，喷膜应均匀且厚度不应小于 3mm。

（3）喷膜施工中，应时刻保持两名喷手位于喷膜部位，以便喷手轮换操作与膜层质量检查。

（4）前后两幅膜层搭接处，应采用厚度渐变形式进行收边：

① 前幅膜层厚度应从 3mm 逐渐减至 1～1.5mm，其中收边宽度不小于 150mm。

② 后幅喷膜可按标准厚度 3mm 直接喷射覆盖，搭接宽度为 300mm，如图 7-22 所示。

（5）喷膜施工中，对于土工布搭接部位要妥善处理，并需设置喷膜加强层：

① 土工布搭接宽度不应小于 50mm，搭接处采用钢压条或者垫圈固定，配合热风焊

· 118 ·

第7章 其他隧道喷涂防水工程案例

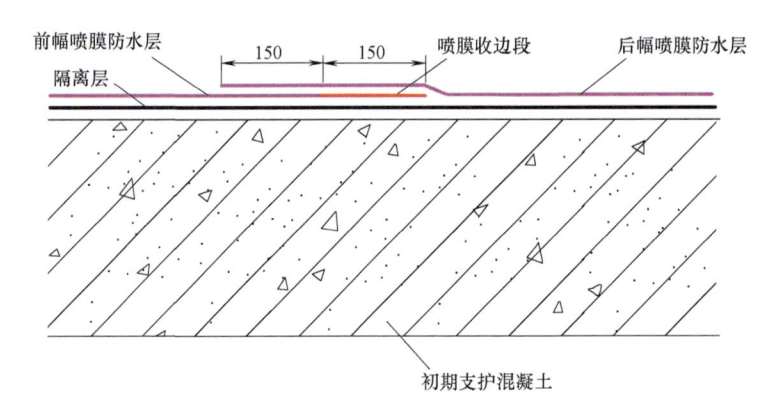

图 7-22　防水膜层搭接部位喷膜防水层施作形式（单位：mm）

注：收边宽度应由 3mm 渐变至 1～1.5mm。

枪补焊，要求搭接部位平整、无褶皱。

②喷膜防水层在土工布焊接部位进行加强，加强层为同材质的丙烯酸盐喷膜防水材料，加强宽度不小于 20cm，如图 7-23 所示。

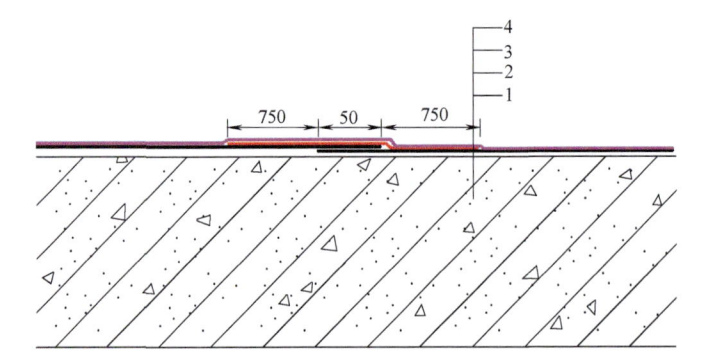

图 7-23　排水隔离层搭接部位喷膜防水层施作形式（单位：mm）

1—基层；2—隔离层；3—加强层；4—喷膜防水层

（6）避车洞与侧墙交界处的阳角处设置同材质加强层，其构造形式如图 7-24 所示，每边加强的宽度不小于 10cm。

（7）开挖方向处喷膜防水层会面临与相邻区段的防水板搭接的问题，可采取的处理方式如图 7-25 所示，其要求如下：

①防水板应与基面良好粘结，且应用密封胶进行收边。

②防水板与喷膜防水层搭接的部位应采用背面带土工布的复合型卷材，以便喷膜防水层能与防水板粘结牢固。

③喷膜防水层与防水板的正常搭接宽度不小

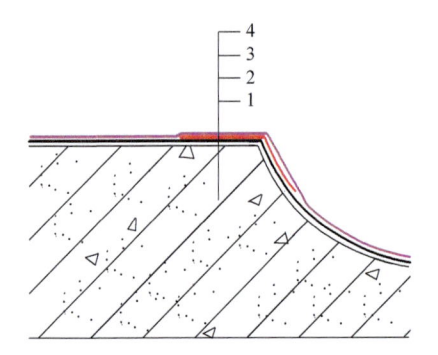

图 7-24　阳角处理

1—基层；2—隔离层；

3—加强层；4—喷膜防水层

· 119 ·

于 15cm，喷膜防水层边缘应采用厚度渐变的形式进行收边，收边宽度不小于 15cm，膜层厚度应从 3mm 逐渐减至 1～1.5mm。

（8）侧墙喷膜防水层施作完毕后，如二次衬砌在 3d 以内不能及时施作，应在喷膜完成 24h 后，隔天对防水膜层进行喷水养护，直至二次衬砌开始施工。

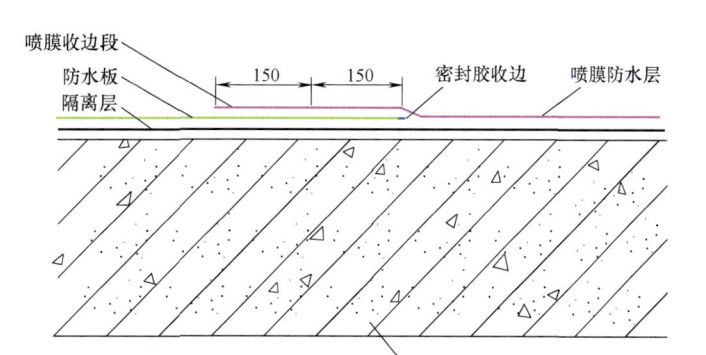

图 7-25　喷膜防水层与防水板的搭接处理形式（单位：mm）
注：图中搭接部位处的防水板应采用背面带土工布的复合型卷材。

7.2.4　现场应用效果

经过现场对喷膜防水实施的效果检验，除局部存在一些喷膜缺陷外（主要在隔离层搭接边缘未压实处），整体喷膜效果较好，达到了预想的试验效果。此外，对于附属洞室部位，喷膜防水技术克服了传统防水板铺挂麻烦的弊端，提高了施工效率。该区段喷膜效果如图 7-26、图 7-27 所示。

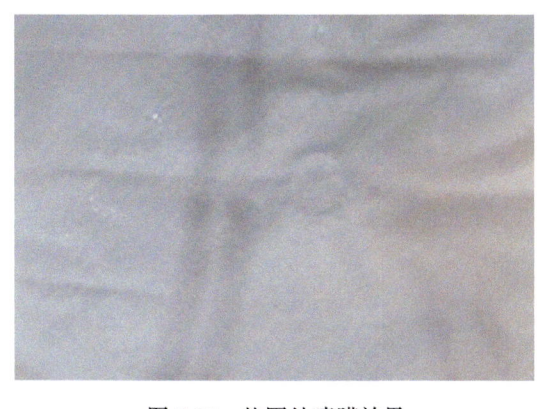

图 7-26　垫圈处喷膜效果

图 7-27　压条处喷膜效果

7.3　遂宁河东新区城市综合管廊

该工程位于遂宁市河东新区东平路北延线（二期）道路下方，为明挖隧道结构，整体采用丙烯酸盐喷膜防水材料进行外包防水。在该工程中，针对明挖隧道结构的喷膜防水技术进行了系统性的总结。

· 120 ·

7.3.1　工程概况

该段城市地下综合管廊工程全长 4197m，图 7-28 所示为综合舱和独立的燃气舱截面。地面标高 278.438～284.566m，场地内有一条宽约 40m 的河流；地下水为孔隙型潜水，赋存于粉土、细砂及砂卵石层中，受大气降水、地下水径流补给，地下水位为 $-1.7～-7.4m$。

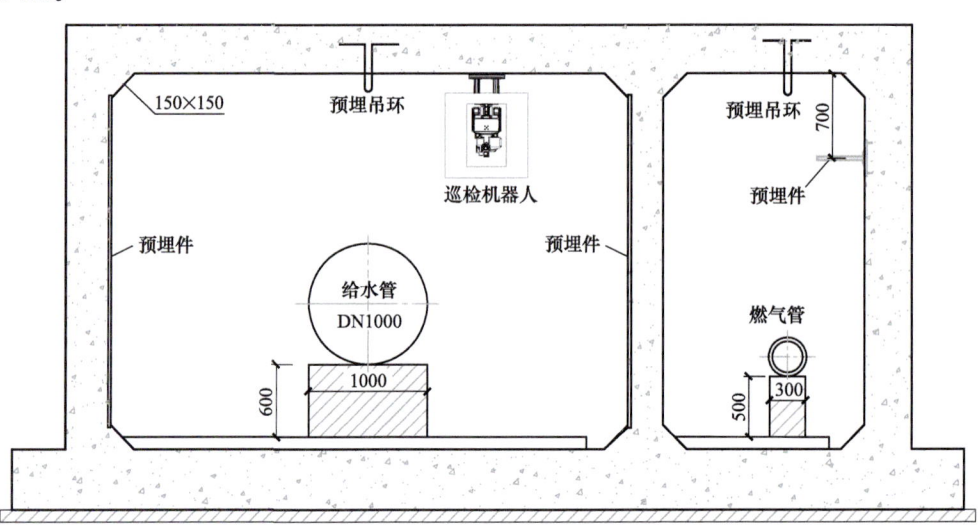

图 7-28　项目地下综合管廊标准断面（单位：mm）

7.3.2　喷膜防水设计与施工

该管廊结构的喷膜防水层设置于管廊结构外部，形成了一个连续的附加防水层。在喷涂防水时，结合结构的施作，总体上分为底板、侧墙及顶板三大部位分部进行防水作业。

1. 底板防水施工

垫层基面较为平整，稍加清理并铺设无纺布隔离层以后即可直接进行大面积快速喷膜。丙烯酸盐防水涂料经设备喷涂出后发生聚合反应，3～5s（可调）即可聚合，短时间即可达到成膜材料 90% 的物理力学性能，无需养护，可连续浇筑底板防水保护层。管廊底板防水设计、施工如图 7-29 所示。

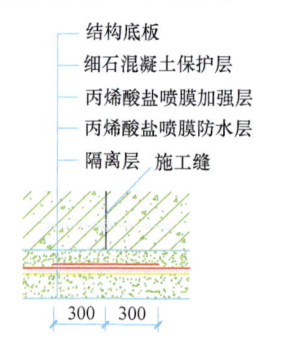

图 7-29　管廊底板防水设计、施工图（单位：mm）

· 121 ·

隧道喷涂防水技术及工程实践

2. 底板与侧墙连接部位防水施工

底板与侧墙连接部位是地下管廊防水的重点，施作底板防水时边缘预留 50cm 宽度无纺布进行防水加强层的喷涂，并延伸出垫层 25cm。先在无纺布表面喷射防水膜层并对其进行临时性（砖或砂浆均可）保护。待结构主体混凝土浇筑后，去除延伸部位防水膜表面的保护层，冲洗干净防水层表面的杂物，在侧墙根部喷射设计厚度的防水膜层，并对底板与侧墙连接部位进行喷射膜层的加强处理，与前次防水层形成整体。该部位的防水设计、施工如图 7-30 所示。

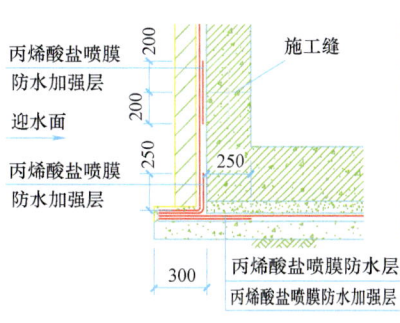

图 7-30　管廊底板与侧墙连接部位防水设计、施工图（单位：mm）

3. 侧墙防水施工

管廊侧墙喷膜施工要根据实际高度（一般约为 3～4m）搭设作业平台分层实施，分层按施工可操作性一般为 2m 左右。喷射由下而上进行，应保证喷枪与墙面垂直，喷射距离 30～40cm 侧墙喷膜防水验收合格后，及时粘贴聚乙烯泡沫板对防水层进行保护。侧墙部位的防水设计、施工如图 7-31 所示。

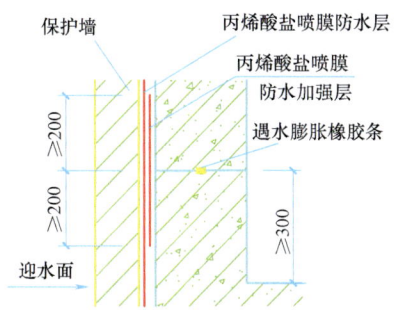

图 7-31　管廊侧墙防水设计、施工图（单位：mm）

4. 顶板防水施工

管廊顶板基面相对平整，在喷膜作业开始前，应清理干净顶板的灰尘、杂物、尖锐混凝土残留物以及变形缝内的杂物，然后用高压水清洗干净基面，之后在顶板进行大面积喷涂防水。顶板喷膜防水层施作后，应及时覆盖土工布进行保护，以免其他操作或杂物破坏防水层。顶板部位的防水设计、施工如图 7-32 所示。

· 122 ·

第7章 其他隧道喷涂防水工程案例

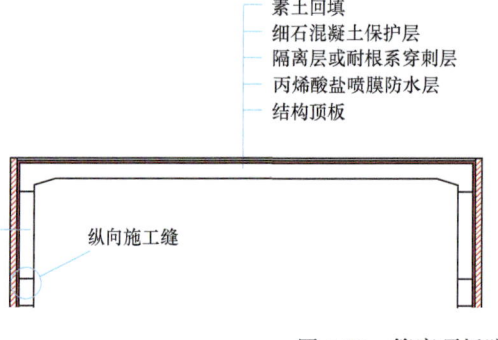

- 素土回填
- 细石混凝土保护层
- 隔离层或耐根系穿刺层
- 丙烯酸盐喷膜防水层
- 结构顶板

纵向施工缝

图 7-32 管廊顶板防水设计、施工图

5. 施工质量验收

防水层的验收应符合设计要求和《丙烯酸盐喷膜防水应用技术规程》CECS 342：2013 的规定，主控项目质量要求应符合表 7-2 的规定。

在喷膜防水层厚度不足的部位，在 24h 内对防水层进行补喷，补喷防水膜层厚度应达到设计厚度。类似喷膜防水层局部出现蜂窝、脱层、穿孔等情况时，可将缺陷部位的防水层进行切割清除，清理基面后补喷，补喷区域应适当扩大，将缺陷部位完全封闭。

丙烯酸盐喷膜防水层主控项目质量要求 表 7-2

项目	质量要求	检测批量	检测方法
膜层厚度(mm)	平均厚度应符合设计要求，检测厚度的最小值不应小于设计厚度的 80%	每 500m² 检测一次，小于 500m² 时按 500m² 检测一次	针探法：在 100mm×100mm 范围内，用针扎至基层，拔出后测量针刺深度，测 5 个点取平均值
			切割法：在膜层上割取 20mm×20mm 的试样，用游标卡尺测量膜层的平均厚度
膜层外观	无针孔、蜂窝、脱层、干裂、流挂、孔洞	全部检查	目测检查
渗漏水	无渗漏	全部检查	目测检查

7.3.3 现场应用效果

通过该项目的实施，对明挖隧道结构的喷膜防水技术进行了系统的总结，体现了喷膜防水的综合优势：

（1）工作效率高，单机每天可施工 500m² 以上；可根据项目作业要求增加设备，扩展工作面，满足不同施工进度要求。

（2）成膜固化速度快，可以为后续施工快速提供作业面，方便进行下一工序操作。

（3）形成的防水膜整体无缝，与混凝土有良好的粘结性，弥补了传统防水板防水技术的缺陷。

该项目的喷膜防水实施效果如图 7-33 所示。

· 123 ·

隧道喷涂防水技术及工程实践

(a) 管廊整体防水效果   (b) 管廊内部情况

图 7-33　遂宁河东新区城市综合管廊喷膜防水实施效果

参 考 文 献

[1] 中国铁路总公司. 铁路工程喷膜防水材料 第1部分：喷涂丙烯酸盐：Q/CR 517.1—2017 [S]. 北京：中国铁道出版社，2016.

[2] 中国铁路总公司. 铁路工程喷膜防水材料 第2部分：喷涂橡胶沥青：Q/CR 517.2—2016 [S]. 北京：中国铁道出版社，2016.

[3] 中华人民共和国国家质量监督检验检疫总局，中国国家标准化管理委员会. 建筑防水涂料试验方法：GB/T 16777—2008 [S]. 北京：中国标准出版社出版，2009.

[4] 中华人民共和国国家质量监督检验检疫总局，中国国家标准化管理委员会. 硫化橡胶或热塑性橡胶 拉伸应力应变性能的测定：GB/T 528—2009 [S]. 北京：中国标准出版社，2009.

[5] 中华人民共和国国家质量监督检验检疫总局，中国国家标准化管理委员会. 聚氯乙烯（PVC）防水卷材：GB 12952—2011 [S]. 北京：中国标准出版社，2012.

[6] 中华人民共和国国家质量监督检验检疫总局，中国国家标准化管理委员会. 预铺防水卷材：GB/T 23457—2017 [S]. 北京：中国标准出版社，2018.

[7] 中华人民共和国工业和信息化部. 喷涂橡胶沥青防水涂料：JC/T 2317—2015 [S]. 北京：中国建材工业出版社，2016.

[8] 凌云鹏，岳岭，吕刚. 京张高铁东花园隧道防排水设计与施工 [J]. 国防交通工程与技术，2020，18（2）：34-38.

[9] 叶林标，李冰茹. 喷涂速凝橡胶沥青防水涂料的开发与应用 [C]. 防水技术专业委员会秘书处. 防水工程与材料《会讯》第3期（总122）. 中国建筑学会施工与建材分会防水技术专业委员会，2011：5.

[10] 沈巍. 阳离子乳化沥青胶乳防水涂料在隧道防水中的应用 [J]. 中国建筑防水，1988，（4）：16-17.

[11] 杨其新，刘东民，盛草樱，蒋雅君. 隧道及地下工程防水失效性分析 [J]. 中国建筑防水，2008，（4）：22-26.

[12] 关宝树. 隧道工程施工要点集 [M]. 北京：人民交通出版社，2003.

[13] 杨其新，刘东民，盛草樱，等. 隧道及地下工程喷膜防水技术 [J]. 铁道学报，2002，24（2）：83-88.

[14] ITAtech Activity Group Lining and Waterproofing. ITAtech design guidance for spray-applied waterproofing membranes [R]. Geneva：ITA，2013. Available from：< http://www.ita-aites. org/fr/wg-committees/committees/itatech/publications/644-design-guidance-for-spray-applied-waterproofing-membranes >.

[15] Schmeida M，Leed A P，Culek C. Spray-applied waterproofing mixing efficiency and effectiveness [J]. Construction Specifier，2006，59（1）：58-64.

[16] Fenner H F. Chemicals for tunnel waterproofing [C] //SALAM A. Tunnelling and Ground Conditions. Rotterdam：Balkema，1994：641-652.

[17] 礒岩徹，和田節，近藤道男. 防水膜吹付け工法の実施工 [J]. トンネルと地下，1991，22（7）：35-43.

[18] Michio K，Takashi M，Akio K，Shin K. Development of the waterproof membrane spraying method in NATM tunnels [C]. Tunnels and Metropolises. Rotterdam：Balkema，1998：515-520.

[19] Hindle D. Special linings and waterproofing [J]. World Tunnelling，2001，14（2）：95-102.

• 125 •

[20] Reina R, Usui N. Sunken tube tunnels proliferate [J]. Engineering News-Record, 1989, 223 (7): 30-37.

[21] Pell A, Mcdonald Y. Tunnel waterproofing today [J]. Concrete, 2001, 35 (4): 34-37.

[22] Batchelor J. Membrane waterproofing of bridge decks: an overview [J]. Highway and Transportation, 1992, 39 (7): 35-39.

[23] Batchelor J. Waterproofing concrete with sprayed acrylics [J]. Concrete, 1997, 31 (3): 18-20.

[24] 沈巍. 阳离子乳化沥青胶乳防水涂料在隧道防水中的应用 [J]. 中国建筑防水材料, 1988, (4): 14-15.

[25] 杨其新, 盛草樱, 刘东民. 地下工程喷膜防水工艺的研究 [J]. 新型建筑材料, 2003, (3): 33-36.

[26] 杨其新, 盛草樱, 刘东民. 丙烯酸喷膜防水材料的研究及其工程应用 [J]. 新型建筑材料, 2002, (6): 1-4.

[27] 刘东民, 盛草樱, 杨其新. 隧道喷膜防水施工 [J]. 铁道建筑技术, 2003, (6): 24-26.

[28] Blair A J, Lacerda L L. Construction of the Wolf Creek Upper Narrows Tunnel waterproof membrane-a comparison of tunnel projects utilizing the application of spray-on waterproof membrane [C]. Rapid Excavation and Tunneling Conference Proceedings, Seattle 2005. Littleton: Society for Mining, Metallurgy and Exploration Inc., 2005, 1192-1205.

[29] Foord R. Kent rail tunnel refurbishments sealed up [J]. Concrete, 2005, 39 (11): 74-76.

[30] Dimmock R. Holter K G. Tunnels-new from old [J]. Concrete Engineering International, 2005, 9 (1): 18-19.

[31] 杨其新, 刘东民, 盛草樱. 隧道及地下工程喷膜防水技术的研究 [J]. 新型建筑材料, 2002, (1): 7-10.

[32] 沈春林, 褚建军. 中国建筑防水涂料现状与发展前景 [J]. 中国建筑防水, 2016, (20): 1-5, 9.

[33] 许尚农, 刘晓丽, 黄毅翔, 等. 喷涂速凝橡胶沥青防水涂料在建筑领域的应用现状及发展前景 [J]. 新型建筑材料, 2017, 44 (4): 137-139.

[34] 朱祖熹. 喷涂聚脲防水涂料在地铁与隧道工程中的应用 [J]. 中国建筑防水, 2010, (21): 43-48.

[35] 中国工程建设标准化协会. 丙烯酸盐喷膜防水应用技术规程: CECS 342: 2013 [S]. 北京: 中国计划出版社, 2013.

[36] 陈迺昌. 聚脲弹性体喷涂技术在隧道防护工程中的应用 [J]. 中国建筑防水, 2009, (6): 6-10.

[37] 吴复宇. 涂装工艺与设备 [M]. 北京: 高等教育出版社, 2006.

[38] Kleven O B. Radical approach to waterproofing using spray applied membranes [J]. Concrete, 2004, 38 (9): 45-46.

[39] 杨其新, 蒋雅君, 刘东民, 等. 隧道及地下工程喷膜防水 [M]. 成都: 西南交通大学出版社, 2010.

[40] 蒋雅君, 杨其新, 蒋波, 等. 隧道工程喷膜防水施工工艺的试验研究 [J]. 土木工程学报, 2007, (7): 77-81, 86.

[41] 庄敬. 机械化喷涂施工——防水涂料施工技术发展之大趋势 [J]. 中国建筑防水, 2013, (14): 9-13.

[42] 蒋雅君, 刘东民, 杨其新. 喷膜防水层在地下结构中抗渗能力的试验研究 [J]. 中国建筑防水, 2007, (4): 13-16.

[43] 蒋雅君, 杨其新, 刘东民, 等. 《丙烯酸盐喷膜防水应用技术规程》编制简介 [J]. 中国建筑防水, 2013, (18): 33-37.

[44] 陈心茹，朱祖熹. 隧道与地下工程防排水技术近年来的探索与改进 [J]. 隧道建设，2015，35 (4)：292-297.

[45] 蒋雅君，杨其新，刘东民，等. 隧道工程喷膜防水技术的发展与应用现状 [J]. 现代隧道技术，2018，55 (2)：11-19.

[46] 沈春林，苏立荣，李芳. 建筑防水涂料 [M]. 北京：化学工业出版社，2005.

[47] 吕刚，王婷，刘建友，等. 京张高铁东花园隧道喷涂式防水设计施工技术 [J]. 隧道建设（中英文），2020，40 (12)：1757-1764.

[48] 朱志远，沈春林，高敏杰，等.《喷涂速凝橡胶沥青防水涂料》行业标准解读 [J]. 中国建筑防水，2013，(20)：29-34，43.

[49] 赵勇. 中国高速铁路隧道 [M]. 北京：中国铁道出版社，2016.

[50] 卢飞，赵磊，祝志，等. 喷涂速凝橡胶沥青防水涂料的特性与应用研究 [J]. 新型建筑材料，2016，43 (5)：120-122.

[51] 田春春，陈俊，柳伟，等. 喷涂速凝橡胶沥青防水涂料在明挖地铁车站中的应用 [J]. 新型建筑材料，2017，44 (3)：131-134.

[52] 李冰茹. 涂灵®喷涂速凝橡胶沥青防水涂料的开发与应用 [J]. 中国住宅设施，2012，(10)：20-22.

[53] 刘金宝，李冰茹，滕瑞权. 喷涂速凝橡胶沥青预铺反粘工艺在地下工程中的应用 [C]. 中国防水技术网. 防水技术专业委员会换届年会暨防水堵漏工程"系统"应用技术交流会论文集. 中国防水技术网：中国建筑学会施工与建材分会防水技术专业委员会，2015：4.

[54] 李立昆. 喷涂速凝高弹橡胶沥青防水涂料在某地下交通枢纽工程中的应用 [J]. 中国建筑防水，2011，(8)：15-17，20.

[55] 刘志杰，边振江，尚昊，等. 喷涂速凝橡胶沥青防水材料在工程中的应用 [J]. 新型建筑材料，2010，37 (8)：77-79.

[56] 蒋雅君，杨其新，刘东民，等. 矿山法隧道丙烯酸盐喷膜防水技术应用探析 [J]. 铁道学报，2019，41 (12)：114-121.

[57] 蒋雅君，杨其新，刘东民，等. 液化天然气接收站 LNG 工艺隧道喷膜防水应用技术 [J]. 隧道建设（中英文），2018，38 (11)：1878-1887.